군복 위에 기도를 입히다

군복 위에 기도를 입히다

아들의 군 복무 기간을 '영적 황금기'로 바꾸는 부모 매뉴얼

허욱 지음

"입대 첫날,
누군가 이 나침반을 쥐어 주었더라면"

저는 기도 용사가 아니라 '불안 전문가'였습니다

아들의 입영통지서를 받고 교회 지인들에게 애써 담담하게 기도를 부탁했을 때, 돌아온 따뜻한 격려는 도리어 제 심장을 찌르는 가시가 되었습니다. "역시 믿음이 좋으셔서 흔들림이 없으시네요"라는 평범한 칭찬이, 속으로는 자식을 광야로 보내며 바들바들 떠는 나약한 엄마에게는 가장 아픈 정죄처럼 느껴졌기 때문입니다.

입영 날짜가 다가올수록 저의 견고했던 신앙은 바닥을 드러냈습니다. 밤마다 아들의 방 문고리를 붙잡고 울부짖었지만, 기도는 허공을 맴돌 뿐이었습니다. 구체적으로 무엇을 구해야 할지, 이 거대한 불안의 파도를 어떻게 잠재워야 할지 가르쳐 주는 이는 아무도 없었습니다.

훈련소라는 '블랙박스'에 아들을 들여보낸 시간은 영적 암흑기였습니다. 제 손에는 성경 대신 차가운 휴대전화가 들려 있었고, 기도의 골방 대신 '더 캠프' 창구를 새로고침하며 정보의 바다에서 표류했습니다. 저는 길을 잃은 '영적 난민'이었습니다.

자대 배치 후에도 기쁨은 짧았습니다. 아들의 하소연에 저는 "원래 군대가 다 그런 거야"라는 상투적인 대답만 늘어놓는 위선자가 되었습니다. 뉴스를 통해 들려오는 군내 사고 소식에 공포를 느끼면서도, 정작 아들의 손에 쥐여 줄 영적 무기는 하나도 없었습니다.

교회는 뜨겁게 파송 기도를 해 주었지만, 그 위로는 단 한 번으로 끝이었습니다. 아들이 복무하는 내내 마주하는 자잘한 불안, 아들의 분노, 부모의 탈진이라는 현실 앞에서 저는 영적 고아처럼 홀로 버텨야 했습니다.

이제 아들은 전역을 앞두고 있습니다. 지난 시간을 돌아보며 고백합니다. 저는 기도 용사가 아니라 '불안 전문가'였습니다.

제게 필요했던 건 거창한 지도가 아니었습니다. 그저 불안해서 숨이 막힐 때, "지금은 이 기도를 하십시오", "이 말씀을 붙드십시오", "아들에게 이렇게 말하십시오"라고 방향을 가리켜 줄 단 하나의 영적 나침반이 절실했을 뿐입니다.

부디 저처럼 맨몸으로 광야에 뛰어들지 마십시오. 당신의 불안을 기도로 바꾸어 줄 이 나침반을 꼭 쥐고 가시길, 먼저 그 길을 걸어 본 엄마로서 간절히 기도합니다.

"보내는 당신도, 하나님의 계획 안에 있습니다"

아들의 입영통지서는 평온했던 부모의 일상을 뒤흔드는 쓰나미와 같습니다. 하지만 기억하십시오. 아들을 보내는 일은 단순한 이별이 아니라, 하나님이 허락하신 거룩한 사명의 시작입니다.

군 복무는 삶의 단절이나 공백이 아닙니다. 아들이 부모의 품을 떠나 하나님 앞에 '단독자'로 서는 법을 배우고, 부모는 통제 대신 신뢰를 익히며 '영적 근력'을 키우는 계절입니다. 아들이 내딛는 광야는 버려진 땅이 아니라, 하나님이 먼저 가 계신 사명의 땅임을 잊지 마십시오.

이 책은 그 치열한 여정을 함께할 영적 나침반이자, 아들에게 입혀 줄 기도의 갑옷입니다. 지도가 모든 길을 나열하는 책이라면, 나침반은 불안 속에 길을 잃은 당신에게 '지금, 여기'에서 바라보아야 할 단 하나의 방향을 정확히 가리킵니다.

입대부터 전역까지 이어지는 6단계 여정을 통해 '보내는 불안'이 '함께 걷는 감사'로 바뀌는 기적을 경험하십시오. 아들의 성숙 이전에, 부모인

당신이 먼저 하나님의 깊은 은혜를 경험하는 축복의 계절이 되기를 소망
합니다.

저자 허욱

나침반을 펴기 전에

사랑하는 부모님, 아들을 보내는 그 애틋한 마음을 누구보다 깊이 공감합니다. 이 책이 부모님께 또 하나의 '무거운 짐'이나 '강박적인 숙제'가 되지 않기를 바랍니다. 본격적인 여정을 시작하기 전, 세 가지만 기억해 주십시오.

완벽보다 '중심'이 중요합니다

부록의 말씀 필사를 며칠 놓치셨어도 괜찮습니다. 하나님은 빈칸 없는 공책보다, 아들을 향한 당신의 '중심'을 보십니다. 기록의 완벽함에 매몰되어 기도의 기쁨을 잃지 마십시오.

부모님의 평안이 아들의 승리입니다

모든 실천 목록을 완벽히 지키려 애쓰지 마십시오. 부모님이 영적으로

군복 위에 기도를 입히다

고갈되지 않고 건강하게 자리를 지키는 것 자체가, 입대한 아들을 위한 가장 위대한 사명이자 강력한 중보입니다.

딱딱한 지침서가 아닌 '영적 상비약'입니다

이 책은 처음부터 끝까지 정독해야 하는 교과서가 아닙니다. 부모님의 고독한 눈물을 닦아 줄 '따뜻한 손수건'이자, 가장 힘든 순간 꺼내 쓰는 '상비약'입니다. 마음이 머무는 페이지만 자유롭게 펼쳐 보십시오.

"전부 다 하려 하지 마십시오. 단 한 문장의 기도, 단 한 절의 말씀이라도 실천한다면 당신은 이미 가장 훌륭하게 아들과 동행하고 있는 것입니다."

영적 과제: 통제할 수 없는 두려움을
하나님을 향한 전적인 의탁으로 전환하기

아들을 보낸 부모에게 불안은 불청객처럼 예고 없이 찾아옵니다. 갑자기 심장이 빠르게 뛰고 막연한 두려움이 엄습한다면, 잠시 멈추고 이 페이지를 펴십시오. 당신의 요동치는 마음을 구체적인 믿음 위에 세워 줄 '확실한 영적 방향'을 안내해 드립니다.

1. 부모의 가장 깊은 두려움(Q&A)

[Q1] 가혹행위 소식을 들을 때마다 내 아들 일 같아 두렵습니다.

A: 지금의 병영 문화는 과거와 완전히 다릅니다. 전문상담관과 개방형 생활관 시스템이 아들의 안전을 겹겹이 지키고 있습니다. 혹여 위험 신호가 느껴진다면 주저 말고 '1303 국방헬프콜'을 활용하십시오. 막연히 피해자가 될까 봐 떠는 기도 대신, 아들이 동료를 돕는 '선한 영향력을 가진 리더'가 되게 해 달라고 권위 있게 선포하며 기도하십시오.

[Q2] 고된 유격 훈련, 너무 비인간적인 것 아닌가요?

A: 유격은 학대가 아니라, 위기 상황에서 스스로를 지킬 '생존 근육'을 키우는 시간입니다. 부모의 과한 연민은 도리어 아들을 유약하게 만듭니다. "어떡하니"라는 탄식 대신, "네가 한계를 넘어서는 순간 하나님이 새 힘을 주실 거야"라는 승리의 언어를 들려주십시오.

[Q3] 잠도 못 자고 밤샘 근무를 서는 아들이 안쓰럽습니다.

A: 아들이 피곤하다고 투정 부리는 것은 SOS가 아니라, 자신의 노고를 '인정해 달라'는 신호입니다. "큰일 났네, 몸 상하겠다"라고 불안해하지 마십시오. "힘든 환경에서도 나라를 지키는 네가 정말 대견하다. 우리 아들, 진짜 군인이구나!"라는 인정 한마디가 그 어떤 휴식보다 강력한 새 힘을 줍니다.

[Q4] 아들이 후임을 혼내다가 징계를 받으면 어떡하죠?

A: 오늘날의 군대는 유리 벽처럼 투명합니다. 욱하는 한 번의 분노가 전역 후의 삶까지 발목을 잡을 수 있습니다. 이것은 영적 문제인 동시에, 전역 후 아들의 삶 전체를 지키는 현실적인 문제이기도 합니다. 아들이 감정을 다스리는 진정한 용사(잠 16:32)가 되도록, 부모는 아들의 '절제'를 위해 깨어 기도해야 합니다.

불안이 엄습해 숨이 막힐 때, 감정을 의지하지 말고 변치 않는 약속을 소리 내어 읽으십시오.

1. [두려울 때] 여호수아 1:9

아들이 가는 곳은 미지의 땅이 아니라 하나님이 이미 가 계신 땅입니다.

2. [혼자라 느낄 때] 이사야 41:10

부모의 손은 미치지 못해도 하나님의 의로운 오른손은 아들의 이불을 직접 덮어 주십니다.

3. [염려될 때] 빌립보서 4:6

염려는 하면 할수록 커지지만, 기도는 하면 할수록 평안이 커집니다.

4. [훈련 중일 때] 빌립보서 4:13

부모의 기도는 아들의 연병장을 만나로 덮는 하나님의 손길입니다.

5. [불평이 나올 때] 데살로니가전서 5:16~18

부모가 감사를 선포할 때 아들의 입술에서도 원망이 사라집니다.

6. [캄캄할 때] 시편 27:1

군대는 터널 같지만, 하나님은 그 터널 끝이 아닌 터널 속을 비추는 빛이십니다.

7. [미안할 때] 시편 23:1~2

부모의 공급은 한계가 있지만 목자 되신 하나님의 공급은 무한합니다.

8. [지쳤을 때] 마태복음 11:28

지친 부모에게 예수님이 직접 쉼을 약속하십니다. 먼저 당신이 그 쉼 안으로 들어가십시오.

9. [새 힘이 필요할 때] 이사야 40:31

이 기도는 시공을 초월하여 아들의 군화 속으로 스며듭니다.

10. [의심이 들 때] 요한복음 14:1

눈에 보이는 상황은 우리를 속여도, 보이지 않는 하나님은 신실하십니다.

3. "말문이 막힐 땐 이렇게만 기도하십시오"(3줄 기도문)

기도조차 나오지 않는 날, 억지로 말을 지어내지 마십시오. 이 세 줄을 소리 내어 낭독하십시오.

입대 직후, 불안에 잠 못 이룰 때

하나님, 솔직히 불안합니다. 이 두려운 마음을 숨기지 않고 주님 앞에 내어놓습니다. 있는 모습 그대로, 이 불안을 기도의 재료로 삼아 주님만 의지하게 하소서. 예수님의 이름으로 기도합니다. 아멘.

아들의 전화가 오지 않아 초조할 때

하나님, 아들의 목소리 하나에 마음이 요동치는 저의 연약함을 고백합니다. 통화가 닿지 않는 이 시간, 제가 하나님과 더 깊은 '영적 통화'를 나누게 하소서. 환경에 흔들리지 않는 믿음으로 제 마음을 견고히 지켜 주소서. 예수님의 이름으로 기도합니다. 아멘.

휴대전화 유혹이 걱정될 때

10분 응급 나침반

　거룩하신 하나님, 아들의 눈과 마음과 손을 주님의 보혈로 덮어 주소서. 휴대전화를 통해 밀려오는 탐욕의 올무에서 아들을 건져 주시고, 시험에 들지 않도록 아들의 영혼에 정결한 영을 부어 주소서. 예수님의 이름으로 기도합니다. 아멘.

부모인 내가 영적으로 소진되었을 때

　주님, 제가 너무 힘듭니다. 아들을 향한 염려의 짐을 예수님 발 앞에 내려놓습니다. 주님이 주시는 참된 쉼을 누리게 하시고, 제 마음을 먼저 평안으로 채워 주소서. 아들의 상황보다 저의 믿음을 먼저 붙들어 주소서. 예수님의 이름으로 기도합니다. 아멘.

차례

1부. 영적 파송식

부모의 마음을 먼저 세우다(입대 전)

4부. 거룩한 습관

익숙함이 유혹이 될 때 신앙의 근육 키우기(일병 시기)

부록

부모를 위한 영적 나침반 가이드

1부

영적 파송식

부모의 마음을 먼저 세우다
(입대 전)

영적 과제: 부모의 인간적인 불안을
거룩한 사명으로 바꾸기

입영통지서 앞에서의 덤덤함은 성숙의 증거가 아니라, 깊은 곳의 불안을 누르고 있는 인내의 방패일지 모릅니다. 지금 필요한 것은 감정의 과잉이 아닌, 아들의 성숙한 독립을 인정하는 '냉철한 사랑'입니다. 억지로 슬픔을 숨길 필요도, 무리해서 강한 척할 필요도 없습니다. 아들은 이제 '부모의 아이'에서 '하나님의 용사'로 파송되는 과정에 있음을 기억하십시오.

지금 부모의 상태(FACT)

미안함과 자책감이 앞서 '사랑한다'는 말 대신 '잔소리 폭격'을 선택하기 쉽습니다. 자신의 연약함을 믿음 부족으로 탓하지 마십시오.

아들이 느끼는 불안(EMOTION)

의연한 척하지만 익숙한 모든 것과의 단절에 대한 두려움이 큽니다. 동시에 부모에게 '성인'으로 인정받고 싶은 욕구가 공존하고 있습니다.

지금 독이 되는 부모의 말(DON'T)

- "고생할 것 생각하면 잠이 안 온다": 과도한 연민은 아들의 자부심을 무너뜨리는 결과를 초래합니다.
- "눈치껏 중간만 해라": 비겁함을 가르치기보다 정직과 성실이라는 하나님의 성품을 심어 주십시오.
- "예배 빠지면 엄마가 지켜볼 거야": 신앙은 감시의 대상이 아니라, 아들이 스스로 찾는 피난처가 되어야 합니다.

지금 약이 되는 부모의 행동(DO)

- 주권 이양 선포: 이제까지는 내가 키웠으나, 앞으로는 하나님이 직접 키우심을 인정하십시오.
- 담백한 신뢰: "네가 없는 동안 우리도 기도로 함께 복무할게. 너는 어디서든 하나님의 아들이다."
- 현실적 격려: "힘들 땐 하나님께 기도하고 주변에 도움을 청하렴. 그게 진짜 용기란다."

지금 당장 드리는 3줄 기도

1. 하나님, 제 품 안의 어린아이 같던 아들을 이제 주님이 예비하신 세상의 광야로 내보냅니다.
2. 갈대 상자에 아들을 담아 띄워 보내는 요게벳의 심정으로, 오직 주

님의 주권과 섭리에 아들의 복무 여정을 온전히 맡깁니다.

3. 불안의 파도가 밀려올 때마다 제 시선을 거두어 하나님을 보게 하시
고, 이 연단의 시간이 아들에게는 성장의 기회가, 저에게는 기도의
지경이 넓어지는 축복이 되게 하소서. 예수님의 이름으로 기도합니
다. 아멘.

"불안하다 말해도 괜찮습니다"
(부모의 감정 인정하기)

✝

"하나님은 우리의 피난처시요 힘이시니 환난 중에 만날 큰 도움이시라" 시편 46:1

입영통지서라는 종이 한 장은 견고했던 부모의 일상을 단숨에 '광야'로 몰아넣습니다. 믿음으로 맡기겠다는 다짐보다 앞서 찾아오는 떨림은 '믿음 없음'이 아니라 '사랑의 깊이'를 보여 주는 증거입니다. 자식을 광야로 보내며 마음이 평안할 부모는 어디에도 없습니다. 그러니 지금의 불안 때문에 스스로를 자책하지 마십시오. 하나님은 당신의 떨림을 책망하지 않으시고, 그 마음을 있는 그대로 품고 보좌 앞으로 나오길 기다리십니다. 불안은 회피해야 할 '죄'가 아니라, 하나님께 정직하게 들고 나갈 '기도의 첫 번째 재료'임을 기억하십시오.

불안의 실체를 규명하십시오

막연한 공포는 기록하는 순간 구체적인 기도 제목이 됩니다. 식사, 잠자리, 인간관계 등 걱정과 두려움의 실체를 종이 위에 적어 보십시오. 문제를 마주할 때 비로소 다룰 수 있는 영적 통제력이 생깁니다.

건강한 영적 배출구를 확보하십시오(단, 아들은 제외입니다)

불안을 아들에게 쏟아내면 독이 섞인 잔소리가 되지만, 영적 멘토나 동역자에게 털어놓으면 함께 짊어질 수 있는 무게가 됩니다. 아들에게는 '신뢰'를 주고, 동역자에게는 '기도'를 부탁하십시오.

불안 위에 '약속'을 덧입히십시오

걱정 목록 옆에 하나님의 성품을 덧붙여 선포하십시오.

- 식사 걱정 → "하나님, 아들에게 주어진 환경을 넉넉히 이길 강건한 체력을 주소서."
- 인간관계 걱정 → "하나님, 다윗에게 요나단을 붙이셨듯 아들에게 만남의 복을 주소서."

1부. 영적 파송식

하나님, 제 안의 떨리는 마음을 숨기지 않고 있는 모습 그대로 주님 앞에 나아갑니다. 이 불안을 거룩한 기도의 제물로 받아 주소서. 제 눈물이 기도가 되어 아들의 군화 밑을 받치는 든든한 디딤돌이 되게 하시고, 이 막막한 시간이 주님을 깊이 만나는 은혜의 통로가 되게 하옵소서. 예수님의 이름으로 기도합니다. 아멘.

2

입대 전, 잔소리 대신 축복을
(마지막 10문장 대화법)

"내가 네게 명령한 것이 아니냐 강하고 담대하라 두려워하지 말며 놀라지 말라 네가 어디로 가든지 네 하나님 여호와가 너와 함께 하느니라 하시니라" 여호수아 1:9

입대 전날 밤, 부모의 마음은 '눈물'과 '잔소리' 사이에서 격렬하게 요동칩니다. 아들의 가방을 채워 주는 손길에는 아무것도 해 줄 수 없다는 무력감에서 온 눈물이 맺혀 있고, 입술에는 하나라도 더 가르쳐 보내야 안전할 것 같다는 불안 섞인 잔소리가 맴돕니다. 사실 이 두 반응은 '내 시야를 벗어나는 아들을 더 이상 보호할 수 없다'는 심리적 저항에서 시작된 것입니다. 하지만 부모의 과도한 눈물은 아들을 위축시키고, 날 선 잔소리는 아들의 자부심을 무너뜨릴 뿐입니다.

지금 챙겨야 할 것은 가방 속의 짐이 아니라 아들의 '마음'입니다. 보급품은 국가가 제공하지만, 영적인 갑옷은 오직 부모의 축복으로만 입힐 수 있기 때문입니다. 다윗이 아들 솔로몬의 어깨에 손을 얹고 '강하고 담대하라, 하나님이 너와 함께하신다'고 선포했듯, 이제 걱정의 무게를 내려 놓고 믿음의 확신을 들려주십시오. 부모의 확신 어린 눈빛은 아들이 차가운 연병장을 견디게 할 가장 강력한 '영적 비상식량'이 됩니다.

부모의 실천: 마지막 10문장 대화법

감정에 휘말려 횡설수설하기보다, 아들의 눈을 바라보며 다음의 10문장을 천천히 들려주십시오. 이는 아들의 자존감을 지키고 하나님과의 소통을 여는 영적 이정표가 됩니다.

1. 존재의 기쁨: "네가 우리 아들로 태어나줘서 정말 행복하단다."
2. 하나님의 동행: "네가 어디에 있든, 하나님이 너보다 먼저 그곳에 가 계신단다."
3. 신뢰의 선포: "엄마(아빠)는 네가 충분히 잘 해낼 거라고 믿어. 너는 생각보다 강하단다."
4. 영적 창구: "힘든 일이 생기면 참지 말고 하나님께 말씀드리렴. 그분이 듣고 계셔."
5. 연대감: "네가 훈련받는 동안 우리 집 거실은 너를 위한 기도의 처소가 될 거야."
6. 관점 전환: "군 생활은 인생의 낭비가 아니라, 너를 빚으시는 '영적

황금기'란다."

7. 안전 기지: "실수해도 괜찮아. 그게 너를 단단하게 할 거야. 우린 언
   제나 네 편이야."

8. 평강 기원: "매일 아침 주님의 평강이 네 마음을 지키시기를 간절히
   기도할게."

9. 진심 고백: "아들아, 사랑한다. 정말 많이 사랑한다."

10. 주권 이양: "이제 너를 하나님의 손에 온전히 맡긴다. 건강하게 다
    시 만나자."

축복의 밤 가이드

· 분위기: 엄숙하기보다 평안하고 따뜻한 식사 자리를 만드십시오.

· 방법: 아들의 손을 잡거나 어깨를 감싸안으며 위 문장 중 마음을 울리
  는 것들을 들려주십시오.

· 효과: 부모님이 건넨 축복의 문장들은 훈련소의 차가운 침상에서 아
  들의 밤을 지켜 낼 영적 온기가 됩니다.

부모의 기도

하나님, 제 입술에 파수꾼을 세워 주소서. 불안해서 내뱉는 잔소리와
무력감에 쏟아 내는 눈물을 십자가 앞에 내려놓고, 오직 영혼을 살리고

세우는 축복의 말만 흘려보내게 하소서. 부모의 불안이 아들에게 짐이
되지 않게 하시고, 우리의 축복이 아들의 앞길을 예비하는 단단한 영적
갑옷이 되게 하옵소서. 예수님의 이름으로 기도합니다. 아멘.

[아버지를 위한 나침반]
침묵하는 아버지, 축복하는 가장의 권위

✚

"아비들아 너희 자녀를 노엽게 하지 말고 오직 주의 교훈과 훈계로 양육하라" 에베소서 6:4

어머니의 불안이 눈물로 흐른다면, 아버지의 불안은 '무거운 침묵'으로 고입니다. 많은 아버지가 훈련소 앞에서 눈물 대신 먼 산을 보며 아내 곁에 서 있지만, 사실 그것은 차마 보이지 못한 부성애를 삼키는 행위입니다. 자신의 경험을 늘어놓으며 "남자는 다 겪는 거다"라고 툭 내뱉는 말 뒤에는, 아들을 지켜 줄 수 없다는 가장의 무력감이 숨겨져 있습니다.

아버지, 지금 아들은 당신의 '군 생활 기술'을 듣고 싶어 하는 것이 아니라, 아버지의 '인정'과 '지지'에 목말라 하고 있습니다. 이제 '군대 선배'라는 가면을 내려놓고, 아들을 하나님의 군사로 파송하는 '영적 제사장'의 권위를 회복하십시오. 아버지가 건네는 축복 한마디는 아들 인생에서 가장 강력하고 정확한 이정표가 될 것입니다.

아버지의 실천: 권위를 축복으로 바꾸는 법

'라떼(과거 경험)' 대신 공감을 택하십시오

(×) 엄살 피우지 마. 남자는 다 겪는 거야.

(○) "훈련받느라 막막하겠지만, 너는 아빠보다 훨씬 지혜롭게 잘 해낼 거다."

지시 대신 '정체성'을 심으십시오

(×) 거기서 줄 잘 서고, 너무 튀지 마라.

(○) "너는 하나님의 자랑스러운 아들이라는 사실을 잊지 마라. 아빠가 매일 새벽 기도하마."

'침묵'을 '스킨십'으로 깨뜨리십시오

말주변이 없어도 괜찮습니다. 입대 전날 아들의 어깨를 한 번 꽉 안아 주거나, 투박한 손을 아들의 머리 위에 얹으십시오. 아버지의 손끝을 통해 전달되는 진심은 그 어떤 설교보다 강력한 '영적 갑옷'이 됩니다.

아버지의 축복 선언을 남겨 주십시오

"아들아, 이제 너는 내 아들을 넘어 하나님의 아들로 파송된다. 너의 군 생활은 하나님의 리더로 훈련받는 영적 황금기가 될 것이다. 아빠가 기도로 네 뒤를 지키마." 이 선언은 아들의 가슴에 새겨진 영적 훈장이 되어, 복무 내내 그를 지켜 줄 힘이 됩니다.

아버지의 기도

하나님, 아들 앞에서 강한 척했지만 제 마음도 한없이 흔들립니다. 저의 과거 경험이 아들을 찌르는 가시가 되지 않게 하소서. 이제 통제하는 아버지가 아니라 축복하는 아버지가 되게 하시고, 아들의 등 뒤를 기도로 지키는 든든한 영적 후원자가 되게 하옵소서. 예수님의 이름으로 기도합니다. 아멘.

3

부모의 영적 실천:
걱정 대신 기도의 적금을 쌓는 법

✝

"아무 것도 염려하지 말고 다만 모든 일에 기도와 간구로, 너희 구할 것을 감사함으로 하나님께 아뢰라" 빌립보서 4:6

아들이 떠난 빈자리에 밀려드는 상실감은 사랑의 필연적인 결과이지만, 기억하십시오. 걱정은 영혼을 갉아먹는 그림자일 뿐이지만, 기도는 아들의 군복 위에 입히는 하나님의 보이지 않는 갑옷입니다. 부모의 손길이 닿지 않는 이 '물리적 거리'는 부모의 무력함을 확인하는 시간이 아니라, 하나님의 전능하신 손길이 일을 시작하시는 '영적 골든타임'임을 신뢰하십시오. 이제 그 막막한 거리를 걱정이 아닌 '기도'라는 영적 자산으로 채워야 할 때입니다.

기도의 적금을 쌓으십시오

　부모의 기도는 하늘 은행에 예치하는 가장 확실한 '영적 적금'입니다. 당장 눈앞의 환경이 변하지 않는 것 같아도, 매일 눈물로 심는 기도는 하나님의 하늘 금고에 차곡차곡 쌓입니다. 이 적금은 아들이 감당하기 힘든 유혹과 고통의 순간을 마주할 때, 가장 결정적인 순간 '영적 자산'으로 인출되어 아들을 붙들어 주는 든든한 버팀목이 됩니다. 걱정은 아들을 나약하게 만들지만, 기도는 아들을 '하나님의 용사'로 다시 태어나게 함을 잊지 마십시오.

부모의 실천

기도 노트를 마련하십시오

　마음에 드는 노트를 준비하여 첫 페이지에 아들의 이름을 정성껏 적으십시오. 이 노트는 아들의 군 생활 전체를 기록할 세상에 하나뿐인 '영적 동행기'가 될 것입니다.

거룩한 영적 루틴을 만드십시오

　매일 정해진 시간(기상 직후 혹은 아들의 취침 시간)에 오늘의 말씀을 필사하십시오. 단 한 줄의 말씀이라도 부모의 손으로 꾹꾹 눌러쓸 때, 마음의 불안은 밀려나고 그 자리에 흔들리지 않는 믿음이 뿌리내립니다.

최고의 전역 선물을 미리 예비하십시오

부모의 눈물과 기도가 배어 있는 이 노트는 전역하는 아들에게 줄 수 있는 가장 값진 영적 유산입니다. 아들이 훗날 인생의 광야를 만날 때마다 이 노트를 펴 보며, 자신을 지켜 낸 기도의 힘을 기억하고 다시 일어설 용기를 얻게 될 것입니다.

부모의 기도

만군의 여호와 하나님, 아들의 빈자리를 보며 낙심하는 대신 기도의 골방을 지키는 파수꾼이 되게 하소서. 아들이 연병장에서 땀 흘리며 훈련받는 동안, 저는 말씀의 자리에서 기도의 눈물을 흘리게 하시며 제 기도가 아들의 영혼을 입히는 따뜻한 옷이 되게 하소서. 매일 쌓는 기도의 적금이 아들의 인생에 가장 결정적인 순간 인출되는 거룩한 능력이자 기적의 통로가 되게 하옵소서. 예수님의 이름으로 기도합니다. 아멘.

4

아들의 신앙 실천 세우기
(5-10-5 거룩한 루틴 설계)

┼

"오직 여호와의 율법을 즐거워하여 그의 율법을 주야로 묵상하는도다" 시편 1:2

군대는 신앙의 치열한 시험대입니다. 부모의 간절한 기도만큼 중요한 것은 현장에 있는 아들 스스로가 영성을 지켜 내는 '영적 자급자족'의 능력입니다. 소음 가득한 광야에서 주님의 음성에 주파수를 맞추는 '거룩한 루틴'은 종교적 의무를 넘어, 아들이 자신을 보호할 가장 강력한 '영적 생존 기술'이 됩니다. 다니엘이 포로지에서도 기도의 자리를 지켰듯, 아들이 광야에서 스스로 영적 산소를 공급받을 수 있도록 '5-10-5 루틴'을 제안해 주십시오.

이 루틴은 유혹에 노출되기 쉬운 틈새 시간을 공략하는 영적 전술입니다. 작은 시간의 쌓임이 아들을 무너지지 않는 '믿음의 거인'으로 성장시킬 것입니다.

시작의 5분: 영적 기지개(기도)

기상 직후 혹은 일과 시작 전, 하루의 주권을 하나님께 의탁하는 선포입니다. "주님, 오늘 제 입술과 마음을 지켜 주소서." 이 짧은 선언이 고된 군 복무를 '사명의 여정'으로 바꾸는 시작점이 됩니다.

중심의 10분: 영적 양식(말씀)

일과 후 휴대전화 사용 시간의 '첫 10분'을 먼저 하나님께 드리게 하십시오. 말씀이 아들의 생각 속에 머물 때, 세상의 거친 가치관이 심령을 침범하지 못하도록 막는 견고한 성벽이 됩니다.

마침의 5분: 영적 갈무리(감사)

잠들기 전, 단 세 가지만 감사의 제목을 찾게 하십시오. 이는 하루 동안 쌓인 부정적인 감정의 찌꺼기를 걸러 내고 아들을 다시 일으키는 강력한 '영적 해독제'가 됩니다.

부모의 실천: 잔소리가 아닌 '동기 부여'의 기술

아들의 작은 성취를 구체적으로 인정하십시오

"그 바쁜 군 생활 중에 말씀 앞에 머물다니 정말 대견하고 존경스럽구나." 부모의 진심 어린 인정은 루틴을 지속하게 하는 가장 달콤한 보상이 됩니다.

'말씀의 궤도'를 공유하며 연대하십시오

"오늘 엄마도 네가 읽은 말씀을 묵상했단다." 같은 말씀의 파동 위에 있다는 사실은 홀로 있는 아들에게 거대한 영적 소속감을 선물합니다.

실패했을 때 '은혜의 틈'을 허용하십시오

루틴을 놓쳤을 때 결코 정죄하지 마십시오. "괜찮아, 내일 다시 시작하면 돼." 신앙이 율법의 멍에가 아닌, 언제든 돌아갈 수 있는 은혜의 통로가 되게 하십시오.

부모의 기도

하나님, 제 아들이 광야에 홀로 섰습니다. 환경에 휩쓸리지 않고 매일 주님을 기억하는 거룩한 습관을 허락하소서. 가장 짧은 기도가 가장 강력한 방패가 되며, 작은 감사가 절망을 이기는 힘이 됨을 아들이 친히 체험하게 하소서. 아들의 매일이 주님과 동행하는 영적 황금기가 되게 하옵소서. 예수님의 이름으로 기도합니다. 아멘.

5

보내기 전 마지막 점검:

부모가 챙겨야 할 '실용 체크리스트'(금융, 준비물, 신앙)

✝

"너희 하늘 아버지께서 이 모든 것이 너희에게 있어야 할 줄을 아시느니라 그런즉 너희는 먼저 그의 나라와 그의 의를 구하라 그리하면 이 모든 것을 너희에게 더하시리라" 마태복음 6:32~33

입대 직전의 부산함은 아들의 고생을 단 1g이라도 줄여 주고 싶은 부모의 애틋한 사랑 표현입니다. 하지만 기억하십시오. 부모의 '과잉 준비'는 도리어 아들에게 무거운 짐이 될 수 있습니다. 군대는 시스템으로 움직이는 곳이며, 생활에 필요한 대부분의 물품은 국가가 지급합니다. 지금 필요한 것은 '많은 짐'이 아니라 '정확한 짐'입니다. 아들이 사회의 흔적(금융·학업)을 깔끔하게 정리하고 떠날 수 있도록 현실적인 갈무리를 돕는 것이 부모가 보여 줄 수 있는 가장 세련된 사랑입니다.

군복 위에 기도를 입히다

부모의 실천: 입대 D-1주 최종 점검 가이드

아들과 마주 앉아 아래 항목을 점검하십시오. 이 과정은 아들에게 부모님이 든든한 '영적·실무적 지원군'임을 확인시켜 주는 시간이 됩니다. (※ 최신 규정은 국방부 공식 채널 및 '더 캠프' 앱에서 재확인하십시오.)

구분	체크 항목	세부내용	확인
신체	건강검진/ 예방접종	입대 전 '파상풍' 등 권장 예방접종을 확인합니다. (병무청 앱 참조)	
	훈련소 반입물품	'육군훈련소' 홈페이지에서 최신 반입 가능 물품(예: 방수 전자시계, 깔창)을 확인합니다.	
금융	나라사랑카드	IBK기업은행/KB국민은행 중 혜택을 비교하여 '나라사랑카드'를 미리 발급합니다. (급여 입금 및 PX 결제용)	
	계좌정리	불필요한 계좌는 해지하고, '나라사랑카드' 연결 계좌를 명확히 합니다.	
	장병내일준비적금	'입대 후' 가입할 수 있음을 인지하고, 월 55만 원 한도임을 미리 인지합니다. (※ 단, 납입 금액 및 정부 지원금 혜택은 국방부 정책에 따라 변동될 수 있습니다.)	
	학자금 대출	한국장학재단 이용 시, '군 복무 상환 유예'를 입영통지서로 신청합니다.	
준비물	시계	전자시계(라이트, 알람 필수), 안경 및 소모품	
	휴대전화	관련 조치('더 캠프' 앱 설치), 요금제를 군인요금제로 변경 준비	
신앙	신앙도구	손바닥만 한 '포켓 성경', '기도 노트' 1권을 챙겨 줍니다. '성경 앱' 설치	

하나님, 아들이 세상의 짐을 싸서 광야로 나갑니다. 아들의 신체와 재정, 그리고 영혼의 필요를 주님께 온전히 맡깁니다. 혹여 빠진 것이 있을지라도 주님이 친히 채워 주시고, 과한 것이 있다면 지혜롭게 덜어 내게 하소서. 우리가 준비하는 모든 정성 위에 하나님의 빈틈없는 인도하심과 평강이 임하게 하옵소서. 예수님의 이름으로 기도합니다. 아멘.

2부

신뢰로 걷기

보이지 않는 시간, 믿음으로 기다리기
(훈련소)

영적 과제: 아들의 부재를
하나님을 향한 깊은 신뢰로 바꾸기

아들이 연병장 너머로 사라지는 순간, 부모와 아들 사이에는 거대한 침묵의 벽이 세워집니다. 흔히 '블랙박스'라 불리는 고립의 시간입니다. 이때 가장 경계해야 할 적은 외부의 소식이 아니라 부모의 불안한 상상력입니다. 이 침묵은 하나님이 아들을 독점하여 다루시는 '거룩한 격리'의 시간임을 기억하십시오. 소식이 없다는 것은 하나님이 아들을 안전하게 보호하고 계신다는 가장 강력한 증거입니다.

지금 부모의 상태(FACT)

커뮤니티의 정보나 뉴스 하나에도 가슴이 철렁하며, 아들의 빈자리로 인해 깊은 우울감과 상실감에 빠지기 쉽습니다.

아들이 느끼는 상태(EMOTION)

군의 규율을 익히느라 딴생각할 틈 없이 바쁩니다. 몸은 고단하지만 동기들과 전우애를 나누며 '진짜 군인'으로 성장하는 중입니다.

지금 독이 되는 부모의 행동(DON'T)

(×) 1주 차부터 보내는 '편지 폭탄': 입영 첫 주(동화 교육 기간)에는 소속이 확정되지 않아 편지가 분실되거나 반송될 위험이 큽니다. 조급함을 내려놓고 부대의 공식 안내를 기다리십시오.

(×) 인터넷상의 근거 없는 소문 맹신: 근거 없는 소문은 부모의 평안을 방해하는 소음일 뿐입니다. 불안을 조장하는 정보로부터 당신의 마음을 격리하십시오.

지금 약이 되는 부모의 행동(DO)

· 더 캠프 앱 설치 및 소식 확인: 아들의 소식을 듣는 유일한 공식 창구입니다. 미리 가입하여 부대 배정 소식을 차분히 기다리십시오.
· '무소식'을 '하나님의 보호'로 해석하기: 군대에서 무소식은 곧 희소식입니다. 큰일이 생기면 부대에서 가장 먼저 연락하니, 침묵의 시간을 믿음으로 견뎌 내십시오.

지금 당장 드리는 3줄 기도

1. 하나님, 보이지 않는 광야에 머무는 아들을 주님의 눈동자에 맡깁니다. 세밀하게 보호하여 주소서.
2. 제 불안한 상상을 멈추게 하시고, 오직 주님이 주시는 평안의 확신으로 제 마음의 빈자리를 채워 주소서.

3. 이 기다림의 시간이 아들과의 단절이 아니라 아들이 주님과 독대하
   며 내면이 단단해지는 거룩한 훈련이 되게 하옵소서.
예수님의 이름으로 기도합니다. 아멘.

군복 위에 기도를 입히다

6

군별 훈련기간 팩트 체크
(육군, 해군, 공군, 해병대)

✛

"내가 주의 영을 떠나 어디로 가며 주의 앞에서 어디로 피하리이까 내가 하늘에 올라갈지라도 거기 계시며 스올에 내 자리를 펼지라도 거기 계시니이다" 시편 139:7~8

아들이 떠난 현관문 앞에서 부모의 시계는 멈춘 듯하지만, 아들의 시간은 하나님의 섭리 안에서 정확히 흐르고 있습니다. 막연한 기다림은 고문이 되지만, 정확한 끝을 알면 그 시간은 '기도의 적금'을 쌓는 기회가 됩니다. 군별로 표준화된 훈련 기간을 확인하고, 이 기간을 아들이 사회의 물을 빼고 그리스도의 정병으로 거듭나는 '영적 숙성기'로 선포하십시오.

훈련 기간 팩트 체크

- 육군/해군/공군(5주): 1주 차 동화기(적응 및 검사)와 4주간의 본격적인 군사교육으로 구성됩니다. 입영 5주 후 수료식과 함께 자랑스러운 이병 계급장을 답니다.
- 해병대(6주): 특수 목적군의 특성상 타 군보다 교육 강도가 높으며, 현재 '가입소 1주 + 훈련 5주'를 포함한 총 6주 체계로 운영 중입니다. (※ 입영 부대 및 시기에 따라 행정상 일정은 변동될 수 있으니 해병대 공식 홈페이지의 안내를 반드시 참조하십시오.)

부모의 실천: 기다림을 기도로 바꾸는 기술

'은혜의 훈련 계산기'를 가동하십시오

훈련 기간을 아들이 없는 '고통의 시간'으로 해석하지 마십시오. 아들의 땀방울이 그 영혼을 단단하게 빚어내는 하나님의 거룩한 연금술이 되고 있음을 믿음의 눈으로 바라보십시오.

숫자가 아닌 '성장의 서사'에 집중하십시오

남은 날짜를 세며 한숨짓기보다, 하나님이 써 내려가실 아들의 인생 페이지를 기대하십시오. 철부지 소년이 책임감 있는 청년으로 성숙해 가는 위대한 과정에 주목하십시오.

첫 주, '거룩한 공백'의 시간을 이해하십시오

입영 직후는 보급품 수령과 환경 적응을 위한 시간입니다. 소통이 단절된 이 '영적 고독'의 시간을, 부모님 또한 하나님께 아들을 온전히 맡겨 드리는 '마음의 수료식' 기간으로 삼으십시오.

부모의 기도

시간의 주인이신 하나님, 아들이 훈련소에서 보내는 이 첫 단추가 무의미하게 흘러가는 시간이 아닌, 영혼과 육체를 단단히 빚어내시는 주님의 세밀한 손길이 되게 하소서. 기다림의 터널을 통과하는 저에게 불안을 이기는 평안을 주시고, 아들의 군화가 닿는 모든 곳에 주의 평강을 입혀 주시고, 수료하는 날까지 강한 팔로 붙들어 주소서. 눈에 보이는 계급장의 변화보다 그 내면의 눈부신 성장을 보게 하옵소서. 예수님의 이름으로 기도합니다. 아멘.

7

훈련소 기간 상세 가이드
(훈련, 생활관, 식사)

✝

"네가 물 가운데로 지날 때에 내가 너와 함께 할 것이라 강을 건널 때에 물이 너를 침몰하지 못할 것이며 네가 불 가운데로 지날 때에 타지도 아니할 것이요 불꽃이 너를 사르지도 못하리니" 이사야 43:2

아들을 보낸 부모의 시계는 30년 전 거친 기억 속에 머물러 있곤 합니다. 하지만 지금 아들이 머무는 광야는 과거의 열악한 수용소가 아닙니다. 하나님은 아들을 훈련소로 보내셨지만, 그곳에 '구름 기둥'과 '불 기둥' 같은 현대적인 보호 장치들을 이미 마련해 두셨습니다. 낡은 걱정의 보따리를 내려놓으십시오. 대한민국 군대는 부모님의 기도 소리만큼이나 빠르고 합리적으로 발전해 왔음을 신뢰하십시오.

팩트 체크: 달라진 병영 생활

- 식사(K-급식 혁신): 과거의 부실했던 식단은 옛말입니다. 장병의 기호를 반영한 특식과 알레르기 관리까지 이루어지는 과학적 식단은 아들이 고된 훈련을 버텨 낼 육체적·영적 에너지가 됩니다.
- 생활관(침대형 생활관 확산): 낡은 마룻바닥 대신 개인의 안식과 수면권이 존중받는 '침대형 생활관'이 아들을 기다립니다. (※ 일부 부대 상황에 따라 침상형이 유지될 수 있으나 점진적으로 교체 중입니다.) 아들이 일과 후 고된 몸을 뉘는 그 자리는 하나님을 대면하는 '벧엘의 돌베개'가 될 것입니다.
- 훈련(필수 생존 기술): 훈련은 고통을 주기 위한 학대가 아니라, 자신과 나라를 지키기 위한 '필수 생존 기술'을 익히는 과정입니다. 모든 과정은 철저한 안전 통제 시스템 아래 진행됩니다.
  - 기초 훈련: 제식, 응급처치 등을 통해 질서와 생명의 소중함을 배웁니다.
  - 핵심 훈련: 사격, 화생방, 각개전투, 행군을 통해 인내심과 체력의 정점을 경험합니다.
  - 정신 전력: 가치관 교육을 통해 세상의 파도 앞에서도 흔들리지 않는 중심을 잡습니다.

과거의 기억으로 현재를 가두지 마십시오

부모님이 환경에 대해 안심할 때, 아들에게 전달되는 영혼의 평안도 함께 깊어집니다. 군 시스템이 고도화되었다는 사실을 믿고 마음의 짐을 내려놓으십시오.

'정밀 타격 기도'를 시작하십시오

막연한 걱정 대신 아들의 훈련 일정에 맞춘 구체적인 중보를 시작하십시오.

- 화생방: 극한의 공포 속에서 생명의 주관자이신 주님을 의지하게 하소서.
- 사격: 아들의 눈과 손에 집중력을 주시고 평화의 소중함을 깨닫게 하소서.
- 행군: 아들의 무릎과 발목을 붙드시고 숨이 찰 때 주님의 음성을 듣게 하소서.

'성숙'의 서사를 기대하십시오

이 훈련들이 단순한 고통이 아니라 전우애를 배우고 영혼이 단단해지는 '성숙의 용광로'가 되도록 기도하십시오.

부모의 기도

보호자 되시는 하나님, 제 아들이 훈련소에서 흘리는 땀방울이 단 한 방울도 헛되지 않게 하소서. 차가운 총신을 만질 때 생명의 귀함을 알게 하시고, 어두운 밤길을 걷는 행군 속에서 구름 기둥과 불 기둥으로 함께 하시는 주님을 대면하게 하소서. 이 모든 과정이 아들을 꺾으려는 고난이 아니라, 진짜 사나이로, 진짜 하나님의 사람으로 빚어 가는 거룩한 용광로가 되게 하소서. 수료하는 그날까지 우리 아들의 군복 위에 주님의 강하고 따뜻한 손을 얹어 주시고, 눈동자처럼 지켜 주소서. 예수님의 이름으로 기도합니다. 아멘.

8

훈련소 신앙생활 정보 확인
(군교회 안내)

-¦-

"주의 권능의 날에 주의 백성이 거룩한 옷을 입고 즐거이 헌신하니 새벽 이슬 같은 주의 청년들이 주께 나오는도다" 시편 110:3

신앙의 신비는 역설적이게도 가장 메마른 광야에서 꽃을 피웁니다. 세상의 화려한 재미와 단절되고 육체의 한계를 대면하는 그 척박한 땅이 바로 '인생에서 가장 뜨거운 부흥의 현장'이 됩니다. 사람이 만든 모든 위로가 차단된 곳에서 인간의 영혼은 본능적으로 영원한 쉼터를 찾습니다. 부모의 잔소리가 미치지 못하는 그곳에서, 하나님은 아들의 영혼을 직접 만나기 위해 기다리고 계십니다.

군복 위에 기도를 입히다

자원하는 심령의 부흥

2022년 군 내 종교 활동이 '완전 자율'이 된 이후, 억지로 끌려가는 예배는 사라졌습니다. 그럼에도 주일마다 수천 명의 훈련병이 예배당을 가득 채웁니다. 이는 단순한 보상 때문이 아니라, 극한의 훈련 속에서 오직 하나님만이 주실 수 있는 근원적인 평안을 영혼이 갈망하기 때문입니다.

특히 이 뜨거운 부흥의 불길 뒤에는 한국교회와 군선교를 향한 수많은 성도의 눈물 어린 헌신이 숨겨져 있습니다. 전국 각지에서 보내온 기도의 후원과 정성스러운 지원은 아들들이 하나님을 만나는 소중한 '마중물'이 됩니다. 성도들의 사랑이 담긴 간식 하나, 사역자들의 따뜻한 격려 한마디는 단순한 물자를 넘어 아들에게 전달되는 한국교회의 기적 같은 응원입니다. 이러한 헌신을 바탕으로 이제 아들은 부모를 모방하는 신앙을 넘어, 스스로 하나님을 선택하는 '영적 독립'을 시작하게 됩니다.

훈련소의 명칭은 다르지만, 동일한 은혜의 통로

- 논산 육군훈련소(연무대군인교회): 수천 명의 동기와 함께 발을 구르며 찬양하는 '압도적인 성령의 임재'를 경험합니다. 이 광야 길이 결코 혼자가 아님을 온몸으로 확인하는 웅장한 축제의 장입니다.
- 사단 신병교육대교회: 군종 목사와 군 선교사의 따뜻한 손길이 아들

한 사람에게 세밀하게 닿는 '영적 가족'의 품입니다. 군 생활의 기초를 믿음의 반석 위에 내리는 내실 있는 기도의 처소입니다.

부모의 실천: 아들의 영적 독립을 응원하기

성수 주일을 위한 거룩한 의지 구하기

아들이 피곤을 이기고 주님의 전으로 발걸음을 옮겨, 세상이 줄 수 없는 참된 안식을 누리도록 기도하십시오.

사역자를 위한 중보

아들의 영혼을 위해 헌신하는 군종 목사와 군 선교사들을 축복하십시오. 그들의 말 한마디가 아들에게 하나님의 인격적인 사랑을 전하는 통로가 됩니다.

편지로 응원하기

"네가 그곳에서 드리는 예배가 엄마에겐 가장 큰 기쁨이란다"라고 적어 주십시오. 부모의 신뢰는 아들이 스스로 신앙을 지키게 하는 가장 든든한 버팀목입니다.

부모의 기도

신실하신 하나님, 이제 아들을 붙들고 있던 제 불안의 손을 완전히 놓고, 주님의 전능하신 손에 온전히 맡겨 드립니다. 낯선 광야에서 아들 스스로 주님을 '나의 하나님'으로 선택하는 믿음의 결단이 있게 하소서. 훈련소의 그 투박한 예배가 아들 인생에서 가장 뜨겁고 순수한 만남의 자리가 되게 하시고, 그곳에서 흘린 눈물이 평생의 신앙 고백이 되는 기적을 허락하소서. 아들이 군복 위에 입은 그 기도가 복무 여정 전체를 지키는 승리의 갑옷이 되게 하소서. 예수님의 이름으로 기도합니다. 아멘.

9

[필독] 훈련병 '휴대전화 사용 및 촬영' 규정
(주말의 1시간과 특별 기회)

✝

"먼 땅에서 오는 좋은 기별은 목마른 사람에게 냉수와 같으니라" 잠
언 25:25

휴대전화는 훈련소 기간 부모님께 가장 뜨거운 '애증의 대상'입니다. 벨
소리만 울려도 가슴이 떨리는 그 간절함을 주님은 누구보다 잘 아십니
다. 하지만 막연한 기다림은 영혼을 갉아먹는 고문이 될 수 있으나, 규정
을 정확히 알고 기다리는 시간은 소망의 인내가 됩니다. 연락 체계를 이
해하는 것은 아들의 군 생활을 보호하고 부모의 평안을 지키는 가장 기본
적인 '영적 안전 수칙'입니다.

주말 및 공휴일의 '안식': 연병장의 단비

훈련병은 주말과 공휴일에 한해 약 1시간 내외로 개인 휴대전화를 사용할 수 있습니다. (※ 단, 휴대전화 사용 시간과 규정은 국방부 정책이나 부대의 운영 상황에 따라 변동될 수 있으니 부대별 공식 안내를 확인하십시오.) 평일 내내 소식이 없는 것은 서운해할 일이 아니라, 아들이 세상 소음을 끄고 훈련과 자신에게 집중하는 '거룩한 고립'의 시간임을 믿고 감사의 제물로 드리십시오.

평일의 와일드카드: '포상 전화'

평일 낮, 갑자기 '041(논산)', '031(경기)', '033(강원)' 혹은 '070'이나 '02'로 시작되는 모르는 번호로 전화가 온다면 너무 놀라지 마십시오. 사고 소식이 아니라 아들이 사격 성적이나 분대장 활동 등을 통해 얻어 낸 귀한 '포상 전화'일 확률이 매우 높습니다. 당황하며 울먹이기보다 "우리 아들, 정말 장하다!"라는 인정 한마디로 아들의 남은 훈련 에너지를 가득 채워 주십시오.

보안의 의무: '정직의 갑옷'

입소 시 설치하는 '국방모바일보안' 앱은 카메라와 녹음 기능을 차단합니다. 아들에게 생활관 사진을 요구하는 것은 시스템상 불가능할 뿐 아니라 명백한 군법 위반을 종용하는 일입니다. 아들이 정직하게 법을 지키며 복무하도록 돕는 것이 부모가 입혀 줄 가장 귀한 갑옷입니다.

부모의 실천: 기다림의 근육 키우기

평일 저녁의 침묵을 '정상'으로 수용하십시오

전화가 오지 않는 시간이 아들이 스스로를 성찰하고 깊은 휴식을 취하는 시간임을 인정하십시오. 미리 기대했다가 실망하는 감정의 소모를 끊어 내는 것이 중요합니다.

기다림을 '영적 저축'의 기회로 삼으십시오

휴대전화만 바라보며 초조해하는 대신, 정성스러운 편지를 쓰며 중보기도를 쌓으십시오. 그 시간은 훗날 아들이 인생의 고비에서 꺼내 쓸 든든한 '영적 비상금'이 될 것입니다.

부모의 기도

목마른 영혼에 냉수 같은 소식을 주시는 하나님, 아들의 목소리 한 번에 천국과 지옥을 오가는 제 연약함을 주님은 아십니다. 아들과 소통하고 싶은 제 욕심이 아들을 힘들게 하지 않게 하시고, 전화가 오지 않는 침묵의 시간에는 부모 된 제가 하나님과 '기도의 직통 전화'를 연결하게 하소서. 기다림이 단순히 고통이 아니라 주님을 향한 깊은 신뢰임을 배우게 하시고, 아들의 목소리가 들려오는 그 짧은 순간, 제 입술을 통해 오직 축복과 생명의 언어만 흘러가게 하옵소서. 예수님의 이름으로 기도합니다. 아멘.

10

내 아들만 전화가 안 올 때
(부모의 기다림 실천)

✝

"너는 여호와를 기다릴지어다 강하고 담대하며 여호와를 기다릴지어다" 시편 27:14

주말 오후, 타인의 소식과 나를 비교하는 순간 평안은 흔들리고 불안의 소용돌이에 빠지기 쉽습니다. 남들은 다 누리는 기쁨에서 나만 소외된 것 같아 아들에게 서운함이 생기기도 합니다. 하지만 부모님, 호흡을 가다듬고 평안의 자리를 되찾으십시오. 무소식은 사고의 전조가 아니라, 아들이 정해진 시스템 속에서 '인내의 열매'를 맺고 있다는 확실한 지표입니다. 상상력이 만든 어둠 속에 갇히지 말고, 하나님을 향한 신뢰의 등불을 켜십시오.

- 상벌점 제도(그린/레드카드): 훈련소는 점수제입니다. 벌점으로 인한 전화 제한은 아들이 자신의 실수를 만회하기 위해 더 치열하게 훈련에 집중하고 있다는 증거입니다.
- 기술적 결함과 보안 앱의 한계: 수십 명이 공유하는 멀티탭 문제로 배터리가 방전되거나, '국방모바일보안' 앱의 오작동으로 자유 시간을 기기와 씨름하며 보내는 경우가 흔합니다. 아들은 지금 기계보다 더 정교한 '인내'를 배우는 중입니다.
- 성숙한 배려와 동료애: 시간이 부족할 때 마음 깊은 아들은 곁에서 힘겨워하는 동료에게 자신의 순서를 양보하기도 합니다. 전화가 안 온다는 것은 아들이 동기를 챙길 만큼 내면이 단단하고 넉넉해졌다는 성숙의 신호일 수 있습니다.

부모의 실천: 비교를 이기는 신뢰 훈련

'비교'의 늪에서 즉시 탈출하십시오

커뮤니티의 글에 흔들리지 마십시오. 하나님은 내 아들만을 위해 설계된 가장 세밀하고 독특한 영적 훈련 코스를 인도하고 계십니다.

하늘 보좌를 향한 '영적 통화'를 시작하십시오

전화벨이 울리지 않는 고요한 시간, 휴대전화 화면을 들여다보는 대신 무릎을 꿇고 하나님과 '직통 통화'를 하십시오. "아들의 음성보다 주님의 음성을 먼저 듣게 하소서"라고 고백할 때 진정한 평안이 임합니다.

담백한 신뢰의 흔적을 남기십시오

'더 캠프' 위문편지나 손편지에 "전화 못 해도 괜찮다. 네가 그곳에서 최선을 다하고 있음을 믿고 기도한단다"라고 적어 주십시오. 부모의 담백한 신뢰는 아들을 다시 일으켜 세우는 가장 강력한 동기부여가 됩니다.

부모의 기도

하나님, 지독하리만큼 조용한 휴대전화를 보며 불안으로 무너지는 제 마음을 주님의 평강으로 붙들어 주소서. 남과 비교하며 스스로를 괴롭히는 어리석음을 거두어 주시고, 이 기다림의 침묵 또한 아들을 향한 깊은 신뢰를 배우는 훈련임을 깨닫게 하소서. 아들의 안부를 주님께 온전히 맡기오니, 전화기 너머 보이지 않는 아들의 생활관에 주의 천사를 파송하여 주시고 제 마음을 하늘의 평강으로 인 치듯 지켜 주소서. 예수님의 이름으로 기도합니다. 아멘.

11

훈련소, 세례라는 첫 번째 기회
(영적 분기점 가이드)

✝

"베드로가 이르되 너희가 회개하여 각각 예수 그리스도의 이름으로 세례를 받고 죄 사함을 받으라 그리하면 성령의 선물을 받으리니" 사도행전 2:38

부모의 첫 번째 간구는 늘 '안전'에 머물기 마련이지만, 하나님은 육신의 안전을 넘어 아들의 영혼을 새롭게 빚으시는 '구원의 드라마'를 계획하십니다. 타성적으로 교회를 오갔던 아들이라도 낯선 광야에서 자신의 한계를 대면할 때, 비로소 '나의 하나님'을 절박하게 찾기 시작합니다. 훈련소는 단순히 군인을 양성하는 곳이기 전에, 대한민국에서 가장 뜨거운 '영적 부화기'입니다. 아들의 군복 위에 기도를 입히는 첫 단추는, 바로 이 영적 탄생의 순간을 지혜롭게 돕는 것입니다.

부모의 실천: '영적 분기점' 가이드

아들의 신앙 상태에 따라 세심하게 메시지를 전하십시오. 이는 아들의 군 생활에 명확한 '의미'를 부여하는 영적 이정표가 됩니다.

[CASE 1] 아들이 아직 세례를 받지 않았다면: "인생 최고의 배경(Back)을 선물하십시오"

세례를 단순한 종교 의식이 아닌, 군 생활 내내 아들을 지켜 줄 '하늘의 군번줄'로 정의해 주십시오.

- 권유의 한 줄: "아들아, 하나님을 너의 아버지로 영접할 때 그분은 너의 가장 든든한 '영적 백'이 되어 주신단다. 세례를 통해 두려움이 아닌 승리의 여정을 시작하렴."

[CASE 2] 아들이 이미 세례를 받았다면: "신앙의 최전선에서 리더로 세우십시오"

아들을 단순한 훈련병이 아닌, 동기들을 주님께 인도하는 '영적 리더'로 격려하십시오.

- 사명의 한 줄: "네가 먼저 힘들어하는 동기의 손을 잡고 주님의 전으로 인도해 주렴. 친구의 세례를 축복하는 것이 네가 실천할 수 있는 가장 고귀한 그리스도인의 전우애란다."

부모의 기도

　아들의 영혼을 사랑하시는 하나님, 훈련소가 메마른 광야가 아니라 주님이 먼저 와서 아들을 기다리고 계신 약속의 땅임을 믿습니다. 육체의 안전을 구하던 제 짧은 기도를 넘어, 이제 아들의 영혼이 주님을 인격적으로 대면하는 기적을 허락하소서. 아직 주님을 모른다면 세례의 생명수를 마시게 하시고, 이미 주님을 아는 용사라면 어둠 속의 등불이 되어 동기들을 주님께 이끄는 축복의 통로가 되게 하소서. 아들의 이름 위에 새겨질 하나님의 자녀라는 거룩한 신분을 기대하며, 예수님의 이름으로 기도합니다. 아멘.

"그곳이 광야인 줄 알았는데,
하나님은 이미 그곳에 계셨습니다"

한 아이의 어머니

"엄마, 아빠, 나 오늘 세례받았어"

수화기 너머로 들려오는 그 짧고 묵직한 고백에 순간 시간이 멈춘 듯했습니다. 논산 육군훈련소의 차가운 정문 앞에서 아들을 보내며 흘렸던 눈물이 어제 일처럼 선명한데, 아들은 그곳에서 영적인 새 생명으로 태어났음을 알려 왔습니다.

아들을 보내던 날, 저는 두려움에 사로잡혀 절규하듯 기도했습니다. "하나님, 이제 저는 따라갈 수 없는 저 너머의 공간에서, 오직 주님이 이 아이의 아버지가 되어 주십시오." 그 간절함에 응답하듯, 입대 3주 만에 아들에게서 첫 손편지가 도착했습니다.

'엄마, 아빠, 훈련이 힘들긴 한데 생각보다 괜찮아. 주말에 교회에 갔는데 찬양 중에 이상하게 자꾸 눈물이 나더라고. 그래서 다음 주에 세례를

받기로 했어.'

편지의 그 한 줄을 읽는 순간, 제 영혼을 짓누르던 불안의 안개가 걷혔습니다. '논산'이라는 단어는 더 이상 이별의 장소가 아닌, 은혜가 머무는 거룩한 성소로 바뀌었습니다.

얼마 후, 연무대군인교회 홈페이지에서 세례식 사진을 찾아냈습니다. 수천 명의 훈련병 중 두 손을 모으고 무릎을 꿇은 아들의 얼굴. 검게 그을린 피부 위로 번진 평안한 미소를 보며 저는 깨달았습니다. 그곳이 메마른 광야인 줄로만 알았는데, 하나님은 이미 그 광야의 한복판에 먼저 가서서 아들을 기다리고 계셨습니다.

아들은 그 투박한 예배당에서 하나님을 '부모님의 하나님'이 아닌 '나의 아버지'로 불렀습니다. 그때 훈련소의 흙바닥 위에서 만난 뜨거운 하나님이 아들 평생의 나침반이 되기를 오늘도 기도합니다.

부모의 기도

하나님, 제 아들을 논산의 광야로 보낼 때는 오직 두려움과 걱정이 앞섰으나, 이제는 그곳이 주님이 미리 준비하신 거룩한 은혜의 자리였음을 고백합니다. 아들의 세례가 단순한 의식을 넘어 평생을 지탱할 신앙의 뿌리가 되게 하소서. 아들을 보내는 부모의 마음에도 오직 주님께만 모든 것을 맡기는 '신뢰의 세례'를 새겨 주시고, 아들의 군복 위에 입히신 그 기도가 복무 여정 전체를 지키는 승리의 갑옷이 되게 하옵소서. 예수님의 이름으로 기도합니다. 아멘.

[Tip] 세례받은 아들 사진, 여기서 찾으세요!

- 논산 육군훈련소: '연무대군인교회' 홈페이지에 접속하여 [세례식 사진] 메뉴를 확인하십시오. 행사 1~2주 뒤에 업로드됩니다. 수천 명의 사진 중 아들을 찾는 과정 또한 부모가 누리는 기쁨의 훈련이 될 것입니다.
- 사단 신병교육대(신교대): 각 부대 교회 카페나 '더 캠프' 앱의 병영소식·사진첩을 통해 공유됩니다. 부대별로 업로드 경로가 다를 수 있으니 아들의 편지나 부대 공식 안내문을 참고하십시오.

12

주말 1시간, '골든타임' 통화법
(경청의 기술)

✛

"내 사랑하는 형제들아 너희가 알지니 사람마다 듣기는 속히 하고 말하기는 더디 하며 성내기도 더디 하라" 야고보서 1:19

주말 오후의 벨소리는 부모에게 가장 애틋한 소통의 골든타임입니다. 일주일간 참아 온 질문을 봇물 터지듯 쏟아 내고 싶겠지만, 지금 수화기를 든 아들은 취조가 아닌 '숨 쉴 공간'을 필요로 합니다. 이 시간은 부모의 궁금증을 해소하는 시간이 아니라, 아들의 가슴속 침전물을 쏟아 내고 사랑으로 다시 채우는 '영적인 수혈'의 시간이어야 합니다. 부모가 말하기보다 듣기를 선택할 때, 아들은 비로소 영적 호흡을 시작하게 됩니다.

- 시간의 부족함을 인정하십시오: 훈련소의 통화 시간은 부대 사정에 따라 10분 내외로 짧아질 수 있습니다. 또한 아들은 친구, 연인과도 소통하며 사회와의 끈을 확인하느라 바쁩니다. 통화가 짧다고 서운해하지 말고 그 귀한 시간을 기쁘게 누리십시오.
- 투정은 신뢰의 표현입니다: 아들의 "힘들다"는 불평은 정말 못 견디겠다는 비명이 아니라, 자신의 수고를 알아 달라는 '인정의 욕구'입니다. 아들의 어리광 섞인 고백을 받아 주는 것은 부모를 향한 가장 깊은 신뢰를 확인하는 과정임을 기억하십시오.

부모의 실천: 아들을 살리는 대화법

8:2 법칙을 사수하십시오

부모는 20%만 말하고 80%는 아들의 몫으로 남겨 두십시오. "그랬구나", "마음고생 심했겠네"라는 짧은 추임새만으로도 아들의 마음은 눈 녹듯 풀립니다.

열린 질문으로 마음을 여십시오

"밥 먹었니?" 같은 단답형 질문보다 "이번 주 가장 기억에 남는 에피소

드는 뭐야?" 혹은 "어떤 대화를 할 때 제일 힘이 나니?" 같은 주관적인 질문이 아들의 생각을 이끌어 냅니다.

아들의 노고를 과소평가하지 마십시오

"요즘 군대 편하다던데" 혹은 "무슨 큰일이라도 났니?" 같은 말은 아들의 자부심을 꺾거나 불안을 증폭시킵니다. 아들의 환경을 존중하고 그 무게를 인정해 주십시오.

거룩한 축복으로 매듭지으십시오

전화를 끊기 전, 반드시 격려를 남기십시오. "네 목소리를 들으니 엄마가 살 것 같다. 네가 묵묵히 자리를 지켜 주는 게 우리 가족의 자랑이란다." 이 마지막 한마디가 아들의 일주일을 버티게 하는 에너지가 됩니다.

부모의 기도

소통의 근원이신 하나님, 아들과 귀한 통화의 기회가 주어질 때 제 입술에 파수꾼을 세워 주소서. 제 걱정이 앞서 아들을 다그치거나 취조하지 않게 하시고, 제 귀를 넓게 열어 아들의 밝은 웃음 뒤에 숨겨진 작은 신음까지 듣게 하소서. 이 짧은 교신이 광야 같은 아들의 영혼을 적시는 냉수 같은 위로가 되게 하시고, 전화를 끊은 뒤에도 부모의 축복이 아들의 생활관에 향기처럼 남게 하소서. 예수님의 이름으로 기도합니다. 아멘.

13

'인편'과 '손편지':
달라진 소식통과 아날로그적 사랑의 힘

✝

"이는 내가 너희 보기를 간절히 원하는 것은 … 너희 믿음으로 말미암아 피차 안위함을 얻으려 함이라" 로마서1:11~12

아들을 보낸 부모는 '더 캠프' 앱을 수시로 확인하며 디지털 신호로라도 아들과 연결되기를 갈망합니다. 하지만 디지털 신호는 신속할지 몰라도, 아들의 고단한 밤을 데우기엔 온기가 부족합니다. 훈련소의 긴 밤, 아들에게 정말 필요한 것은 부모의 지문과 고민의 흔적이 묻어나는 투박한 종이 편지입니다. 그것은 단순한 종이 뭉치가 아니라, 부모가 기도로 정성껏 직조하여 보낸 '사랑의 영적 담요'입니다.

군복 위에 기도를 입히다

팩트 체크: 사라진 '매일 밤의 선물'

병영 환경의 중대한 변화를 반드시 기억하십시오. 육군은 훈련병의 휴대전화 사용이 정착됨에 따라, 조교들이 매일 밤 인터넷 편지(인편)를 출력해 나눠 주던 서비스를 원칙적으로 중단했습니다. 이제 아들은 주말에만 앱을 통해 편지를 눈으로 훑어볼 뿐입니다. 휴대전화 사용이 없는 평일 5일간, 조교가 취침 전 전달해 주는 유일한 위로는 우체국을 통해 날아온 '손편지'뿐입니다. 아날로그의 힘이 그 어느 때보다 강력한 영적 무기가 되었습니다.

부모의 실천: 아들을 살리는 편지 전략

'2주 차 화요일'의 법칙을 지키십시오

입대 직후는 소속이 확정되지 않은 가입소 기간입니다. 주소지 없이 보낸 편지는 반송되기 쉽습니다. '더 캠프' 앱에 아들의 정확한 소속(연대/중대/교번)이 뜨는 2주 차 화요일 이후에 우체통에 넣으십시오. 그것이 기도의 정확한 좌표가 됩니다.

정보가 아닌 '정서'를 담으십시오

세상 뉴스는 아들도 주말에 충분히 확인합니다. 편지에는 정보 대신 부모의 '심장 소리'를 담으십시오. 일상의 소소한 풍경을 공유하는 것은 아들에게 자신이 돌아갈 따뜻한 '본향'이 있음을 확인시켜 주는 최고의 정서적 안정제가 됩니다.

사진 한 장의 위력을 활용하십시오

텍스트는 뇌를 자극하지만 이미지는 심장을 울립니다. 가족, 거실, 혹은 아끼던 반려동물의 사진 한 장을 동봉하십시오. 생활관 한쪽에 넣어 둔 사진 속 부모님의 미소는 고된 훈련을 버티게 하는 하나님의 세밀한 위로가 됩니다.

부모의 기도

소통의 주관자이신 하나님, 제 서툰 손글씨로 적어 내려간 이 편지가 아들의 손에 닿을 때 단순한 글자가 아닌 주님의 따스한 음성이 되게 하소서. 비록 몸은 떨어져 있어도 우리가 기도로 촘촘히 연결되어 있음을 확인하게 하시고, 이 종이 한 장이 아들의 외로운 밤을 지키는 가장 포근하고 두꺼운 영적 이불이 되게 하소서. 편지를 읽는 아들의 눈동자마다 주님이 주시는 평강을 채워 주시고, 그 마음속에 다시 일어설 용기를 부어 주소서. 예수님의 이름으로 기도합니다. 아멘.

 군복 위에 기도를 입히다

14

[필독] '1303'과 '1577':
부모가 반드시 알아야 할 2개의 번호

÷

"환난 날에 나를 부르라 내가 너를 건지리니 네가 나를 영화롭게 하리로다" 시편 50:15

아들을 보낸 부모의 기도는 늘 '안전'으로 귀결됩니다. 하지만 거친 파도가 몰려올 때 진정으로 필요한 것은 두려움에 떠는 것이 아니라 '준비된 지혜'입니다. 하나님은 우리에게 기도의 무릎뿐만 아니라, 현실의 문제를 해결할 구체적인 도구들도 허락하셨습니다. 평생 누를 일이 없기를 간절히 바라지만, 만약의 순간 아들을 보호할 수 있도록 아래의 두 번호를 '영적 상비약'처럼 소중히 챙겨 두십시오.

1303(국방헬프콜): 마음의 무너짐을 막는 '긴급 채널'

가혹행위, 성폭력, 혹은 감당하기 힘든 심리적 한계로 인해 아들이 위태로울 때 도움을 요청하는 곳입니다. 전문 상담관이 24시간 대기하며 아들의 생명을 살리는 피난처가 되어 줍니다. 이는 누군가를 공격하기 위한 수단이 아니라, 아들을 보호하기 위한 '최후의 보루'임을 기억하십시오.

1577-9090(국방민원콜센터): 행정적 고충을 해소하는 '소통 창구'

급여 입금, 휴가 규정, 보급품 문제 등 행정적인 절차가 궁금할 때 이용하십시오. 아들과 통화하며 사실관계로 다투거나 불안해하기보다, 부모님이 이곳을 통해 먼저 객관적 사실을 확인하는 것이 서로의 신뢰를 지키는 지혜로운 대처입니다.

부모의 실천: 사랑으로 분별하고 기도로 지키기

비상 연락망을 즉시 저장하십시오

휴대전화에 이 번호들을 저장하십시오. "하나님, 이 번호를 사용할 일이 없게 하소서"라고 기도하며 저장하는 행위 자체가 영적인 파수 행위입니다.

'분별의 영'을 구하십시오

아들의 "힘들다"는 말이 '성장을 위한 연단'인지, '도움이 필요한 위기'인지 분별할 지혜를 성령님께 구하십시오. 감정적인 신고보다 아들의 말을 끝까지 들어 주는 '깊은 경청'이 우선되어야 합니다.

아들에게 '용기'라는 보험을 선물하십시오

"혹시라도 혼자 감당하기 벅찬 일이 생기면 언제든 말해. 1303이라는 번호도 네 곁에 있단다. 너는 혼자가 아니야." 이 한마디가 아들에게 위기 상황에서 고립되지 않는 든든한 보험이 됩니다.

부모의 기도

환난 날에 피할 바위가 되시는 여호와 하나님, 제 아들을 군대라는 거친 광야로 보내 놓고 애끊는 마음으로 기도하는 부모의 심정을 주님은 아십니다. 아들이 군 복무 중 억울한 일을 당하거나 위험한 구덩이에 빠지지 않도록 주님의 불 성벽으로 촘촘히 진을 쳐 주소서. 혹여 인간의 도움이 필요한 절박한 순간이 온다면, 부모인 제가 감정에 휩쓸려 그르치지 않게 하시고 냉철한 지혜와 뜨거운 기도로 아들을 지켜 내는 영적 파수꾼

이 되게 하소서. 우리 아들의 모든 출입을 지금부터 영원까지 지켜 주실

줄 믿으며 우리를 건지시는 예수님의 이름으로 기도합니다. 아멘.

  군복 위에 기도를 입히다

15

수료식:
다시 만난 아들을 진짜 군인으로 축복하는 법

✝

"아직도 거리가 먼데 아버지가 그를 보고 측은히 여겨 달려가 목을 안고 입을 맞추니" 누가복음 15:20

훈련의 안개가 걷히고 마침내 아들을 마주하는 날입니다. 당당하게 걸어오는 푸른 물결 속에서 늠름해진 아들을 발견하는 순간, 부모의 심장은 요동칩니다. 검게 그을린 피부와 깊어진 눈매는 아들이 광야를 견디며 단단한 재목으로 성장했음을 보여 주는 증거입니다. 오늘 당신이 흘리는 눈물은 아들을 약하게 만드는 '슬픔의 찌꺼기'가 아니라, 성장을 목격한 '경외의 눈물'이어야 합니다. "불쌍하다"는 연민 대신 "장하다"는 인정을 건네십시오. 그 인정은 아들의 어깨 위 계급장보다 더 빛나는 영적 훈장이 될 것입니다.

팩트 체크: 수료식과 영외 면회

영외 면회(외출) 허용

수료식 행사 직후부터 오후 늦게까지 부대 밖 면회가 가능합니다. 아들과 식사하며 쉴 수 있는 가장 귀한 시간입니다. (※ 부대 사정에 따라 복귀 시간이 다를 수 있으니 당일 안내를 반드시 확인하십시오.)

[Tip] 숙소 및 식당 사전 예약

논산 등 주요 훈련소 주변은 예약 경쟁이 치열합니다. 아들이 군화와 군복을 벗고 편히 누워 쉴 수 있도록, 소속 확정 직후(입대 2~3주 차)에 미리 예약해 두는 것이 지혜입니다.

부모의 실천: 최고의 하루를 만드는 법

첫마디는 '인정'으로 시작하십시오

아들을 보자마자 울기보다 환하게 웃으며 선포하십시오. "와, 진짜 군인이 다 됐구나! 하나님의 용사가 되었네!" 부모의 인정은 아들의 5주간 수고를 단번에 보상해 줍니다.

'영적인 성찬'을 준비하십시오

값비싼 음식보다 아들이 훈련소에서 가장 그리워했던 '그 음식'을 준비하십시오. 집밥의 온기는 아들의 정서적 불안을 치료하는 명약이자, 부모의 사랑을 확인하는 성찬이 됩니다.

자대로 향하는 아들을 '재파송'하십시오

헤어지기 직전, 다시 시작될 자대 생활에 대한 두려움을 기도로 끊어 주십시오. "훈련 기간 너를 지키신 '에벤에셀'의 하나님이, 이제 새로 갈 그곳에서도 '임마누엘'로 너와 함께하실 거야." 이 축복은 아들이 새로운 문을 여는 강력한 열쇠가 됩니다.

부모의 기도

에벤에셀의 하나님, 훈련소의 긴 터널을 지나 늠름해진 아들의 얼굴을 다시 마주하게 하시니 감사합니다. 그 검게 그을린 이마 위에 주님의 승리를 선포합니다. 오늘 이 짧은 만남이 아들에게는 남은 군 생활을 버텨 낼 생명수가 되게 하시고, 부모인 저희에게는 자식을 하나님께 온전히 맡겨 드리는 신뢰의 결단이 되게 하소서. 이제 다시 새로운 임무지로 떠나는 아들의 발걸음보다 주님이 앞서가셔서 그 길을 예비하시고, 임마누엘로 동행하여 주소서. 예수님의 이름으로 기도합니다. 아멘.

3부

영적 전쟁

아들의 불평을 경청하고 유혹을 경계하십시오
(이병 시기)

영적 과제: 아들의 불평을
공감의 언어로 받아 내고 기도로 승화시키기

훈련소의 동기들과 헤어져 낯선 부대에 홀로 발을 내딛는 자대 배치는 아들에게 사실상의 '두 번째 입대'입니다. 어깨 위에 얹어진 '이등병' 계급장의 무게와 선임들의 서늘한 눈빛 앞에 아들은 다시 한번 고립감을 느낍니다.

이때 들려오는 아들의 무거운 목소리에 부모는 본능적으로 '해결사'가 되고 싶어 하지만, 정작 아들에게 필요한 것은 논리적인 정답이 아닌 오직 '내 편'이 되어 주는 따뜻한 품입니다. 아들의 불평은 단순한 투정이 아니라, 자신의 고군분투를 알아 달라는 영적인 구조 신호임을 기억하십시오. 부모가 해결사가 아닌 '경청자'가 될 때, 아들은 광야를 견딜 근육을 키우게 됩니다.

지금 부모의 상태(FACT)

보이지 않는 자대 환경에 대한 두려움과 싸워야 합니다. 아들의 목소리 톤 하나에도 가슴이 내려앉으며, 직접 개입하고 싶은 유혹과 싸우는 '영적 인내의 시간'입니다.

아들이 느끼는 상태(EMOTION)

상명하복의 위계질서가 주는 심리적 압박감이 절정에 달합니다. 팽팽한 긴장감 속에서 유일한 탈출구인 '휴대전화'가 주는 해방감에 매몰되기 쉬운 혼란 상태입니다.

지금 독이 되는 부모의 말(DON'T)

- "누가 괴롭혀? 엄마가 부대에 전화해 줄까?": 성급한 개입은 아들을 '스스로 설 수 없는 아이'로 낙인찍어 부대 내에서 고립시킵니다. 아들의 자생력을 믿어 주는 것이 최고의 보호입니다.
- "남들도 다 겪는 거야. 유난 떨지 마라.": 공감 없는 훈계는 마음의 문을 닫게 합니다. 부모에게 거절당한 마음은 결국 더 깊은 영적 고립으로 이어집니다.

지금 약이 되는 부모의 행동(DO)

- 아들의 메아리가 되어 주십시오: "그 선임 때문에 정말 답답했겠구나." 아들의 말을 그대로 비춰 주는 것만으로도 아들은 다시 일어설 에너지를 얻습니다.
- 흔들림 없는 신뢰를 보여 주십시오: "엄마는 네가 얼마나 지혜로운지

안다. 너라면 기도로 잘 풀어 갈 거야." 부모의 신뢰는 아들의 자존감
을 지키는 가장 강력한 방패입니다.

지금 당장 드리는 3줄 기도

1. 하나님, 낯선 땅 자대라는 광야에 홀로 선 아들을 주님의 강한 오른
   손으로 붙들어 주시옵소서.
2. 아들이 만나는 모든 지휘관과 선임들의 마음을 주관하여 주서서, 그
   들이 아들에게 선한 영향력을 끼치는 조력자가 되게 하소서.
3. 그곳이 단순히 견뎌야 할 고통의 장소가 아니라, 하나님이 예비하신
   인격과 신앙의 훈련장이 되어 아들의 내면이 더욱 견고해지게 하옵
   소서.

예수님의 이름으로 기도합니다. 아멘.

16

자대 배치 첫날, 두려움 대신 믿음을 전하는 첫 메시지

┼

"너희는 강하고 담대하라 두려워하지 말라 그들 앞에서 떨지 말라 이는 네 하나님 여호와 그가 너와 함께 가시며 결코 너를 떠나지 아니하시며 버리지 아니하실 것임이라" 신명기 31:6

훈련소 수료 후 자대 배치 결과가 적힌 문자 한 통은 부모의 마음을 다시 한번 요동치게 합니다. 낯선 부대 명칭을 포털 사이트에서 검색하며 마주하는 수많은 '불확실한 정보들'은 부모를 순식간에 공포로 몰아넣습니다. 하지만 부모님, 당신의 불안은 아들에게 고스란히 전달됩니다. 낯선 생활관에서 잔뜩 긴장해 있을 아들에게 부모가 보내는 첫 메시지는 아들의 흔들리는 마음을 지탱할 '첫 번째 닻'이 되어야 합니다. 차가운 두려움이 아닌, 단단한 신뢰를 전하십시오.

팩트 체크: 배치는 하나님의 '주권적 파송'입니다

세상의 눈으로 보면 자대 배치는 무작위 전산 분류에 불과하지만, 신앙의 눈으로 보면 그것은 '하나님의 거룩한 파송'입니다. 요셉을 애굽으로, 다니엘을 바벨론으로 보내셨듯 하나님은 아들의 기질을 다듬고 사명을 꽃피우기 위해 가장 적합한 장소를 예비하셨습니다. 그곳이 비록 험한 골짜기라 할지라도, 주님이 함께하시면 그곳은 아들의 영혼이 빚어지는 '영적 푸른 초장'이 됩니다. 부모의 안심(安心)이 아들의 안전(安全)을 여는 열쇠임을 잊지 마십시오.

부모의 실천: 첫 통화와 메시지의 기술

'심문' 대신 '믿음의 선포'를 보내십시오

시설이 어떤지, 선임이 무서운지 캐묻는 것은 아들에게 '힘듦'을 찾아내라는 숙제를 주는 것과 같습니다. "아들아, 하나님이 너를 위해 가장 좋은 곳을 예비하셨음을 믿는다. 너의 새출발을 응원해."

'환경' 대신 '동행'을 강조하십시오

장병들이 느끼는 고통의 핵심은 시설의 낙후함이 아니라 '심리적 고립감'입니다. "처음이라 낯설겠지만, 네가 어느 골짜기에 있든 하나님은 거기서 너와 함께 숨 쉬고 계신단다. 너는 혼자가 아니야."

'만남'을 위한 기도를 권하십시오

상황에 끌려가지 않도록 능동적인 기도를 제안하십시오. "오늘 밤에는 너를 도와줄 딱 한 명의 선한 동역자를 만나게 해 달라고 기도하고 자렴. 엄마도 함께 기도할게."

부모의 기도

여호와 하나님, 제 아들이 이제 훈련소라는 울타리를 넘어 자대라는 본격적인 광야에 닻을 내립니다. 그곳이 메마른 광야나 거친 땅이 아니라, 주님이 먼저 가셔서 아들을 기다리고 계신 '약속의 땅'임을 믿음으로 선포합니다. 부모 된 제가 불안의 에너지를 쏟아 내어 아들을 흔드는 어리석음을 범하지 않게 하시고, 철저한 신뢰와 담대한 기도로 아들의 군복 위에 주의 평강을 입히게 하소서. 요셉과 동행하셨던 그 은혜가 아들의 새 생활관 침상 위에 머물게 하옵소서. 예수님의 이름으로 기도합니다. 아멘.

17

임시 교회가 아닌 '영적 최전선'입니다
(부모의 인식 변화)

-|-

"그러므로 하나님의 전신 갑주를 취하라 이는 악한 날에 너희가 능히 대적하고 모든 일을 행한 후에 서기 위함이라" 에베소서 6:13

자대 배치 후 아들이 부대 교회에 정착했다는 소식에 부모는 비로소 안도하기 마련입니다. 하지만 마음 한구석에 그곳을 '제대 전까지 잠시 비바람을 피하는 정거장' 정도로 여기고 있지는 않습니까? 부모가 군 교회를 가볍게 여기면, 아들 역시 그곳에서 '영적 구경꾼'으로 전락하고 맙니다. 냉혹한 전쟁터에서 구경꾼은 결코 살아남을 수 없습니다. 군 교회는 아들의 영적 생사가 걸린 '영적 야전 지휘소'이며, 하나님은 아들을 그 부대를 기도로 사수할 '영적 선교사'로 파송하셨습니다. 부모의 인식이 '수동적인 안도'에서 '능동적인 파송'으로 바뀌어야 아들의 영성이 살아납니다.

아들의 군 생활을 '영적 황금기'로 만들려면 부모는 최전선 사령관의 마음으로 다음을 실천해야 합니다.

그곳을 '영적 본진'으로 선포하십시오

단순히 출석 여부만 체크하듯 묻지 마십시오. "아들아, 네가 발을 디딘 그 교회가 너를 지켜 줄 가장 강력한 영적 본진이란다. 너는 그곳에 보냄 받은 하나님의 선교사라는 사실을 잊지 마렴." 부모의 확신 있는 선포는 아들의 느슨해진 영적 군화 끈을 다시 조여 줍니다.

현장의 목회자를 위해 중보하십시오

아들 한 사람에게만 매몰되지 말고, 그곳에서 말씀을 전하는 군종 목사와 군 선교사들을 위해 기도하십시오. 부모의 기도가 목회자에게 머물 때, 아들이 먹는 영적 양식의 공급이 원활해집니다.

'작은 헌신'을 독려하십시오

"피곤하니 그냥 예배만 드리고 쉬다 와라"라는 배려가 자칫 아들을 영적 무기력증에 빠뜨릴 수 있습니다. 찬양팀, 안내, 청소 등 작은 섬김이라도 찾게 하십시오. 헌신하는 장병은 영적 회복 탄력성이 월등히 높으며,

유혹의 파도를 능히 이겨 낼 힘을 얻습니다.

부모의 기도

만군의 여호와 하나님, 군 교회를 그저 잠시 머물다 갈 임시 처소로만 여겼던 저의 안일함과 무지를 회개합니다. 그곳이 제 아들의 영혼을 지키는 가장 치열한 최전선이며, 평생의 신앙 야성을 결정지을 거룩한 훈련장임을 깨닫게 하소서. 제 아들이 그곳에서 손님이 아닌 주인으로, 방관자가 아닌 헌신자로 교회를 섬기게 하소서. 훈련소에서 얻은 믿음의 불씨가 자대라는 야전에서 강력한 성령의 불길로 타오르게 하시고, 세상을 이기는 용사로 거듭나게 하옵소서. 아들의 군복 위에 주의 군사 된 당당함으로 그 교회를 섬기게 하소서. 예수님의 이름으로 기도합니다. 아멘.

군복 위에 기도를 입히다

18

아들아 목사님께 도움을 청하렴
(영적·심리적 멘토 연결)

÷

"너희 중에 병든 자가 있느냐 그는 교회의 장로들을 청할 것이요 그들은 주의 이름으로 기름을 바르며 그를 위하여 기도할지니라" 야고보서 5:14

자대 전입 후 들려오는 아들의 잔뜩 가라앉은 목소리는 부모의 마음을 까맣게 태웁니다. 숨 막히는 긴장 속에 무너져 내리는 아들의 내면을 일으켜 세우기에 전화기 너머의 거리는 너무나 멉니다. 부모님, 우리가 갈 수 없는 그 삼엄한 경계 너머에 하나님이 미리 심어 두신 '영적 도우미'가 있음을 기억하십시오. 제복 입은 군종 목사와 자비량으로 헌신하는 민간 군 선교사들은 아들의 영혼을 사랑하는 마음으로 그 척박한 자리를 지키고 있습니다. 아들이 생활관 귀퉁이에서 홀로 고립되게 하지 마십시오. 현장의 목회자들과 아들을 연결하는 것이 가장 실질적인 '영적 안전망'을 구축하는 길입니다.

아들은 '민폐'가 될까 봐, 혹은 '약해 보일까 봐' 입을 닫습니다. 부모님은 그 빗장을 열어 주는 지혜로운 가이드가 되어야 합니다.

현장의 조력자가 가장 가까운 '내 편'임을 알려 주십시오

부모는 멀리 있지만, 목사님은 아들의 손을 바로 잡아 주실 수 있는 분입니다. "아들아, 부대 교회 목사님은 군대의 생리를 누구보다 잘 아시는 분이니 네 마음을 가장 잘 이해해 주실 거야. 그분이 네 옆에 계신 최고의 조력자란다."

도움 요청은 '지혜'임을 가르치십시오

도움을 구하는 것은 패배가 아니라 승리를 위한 전략입니다. "아들아, 목사님께 상담을 요청하는 건 네가 약해서가 아니라 가장 지혜롭기 때문이야. 큰 용사 다윗도 위기 때마다 멘토의 조언을 구했단다."

구체적인 '인사 미션'을 제안하십시오

막연한 권유보다 작은 행동 지침이 아들을 움직입니다. "이번 주일 예배가 끝나면 목사님께 가서 인사드려 보렴. '이번에 전입 온 이병인데 잘 적응하도록 기도해 주세요'라고 딱 한마디만 해 봐. 그 용기가 상상 못 할 큰 갑옷이 될 거야."

부모의 기도

신실하신 하나님, 제 아들이 차가운 군대 담벼락 안에서 '나 혼자뿐'이라는 고립감에 매몰되지 않게 하소서. 힘들고 지칠 때 사람의 방법이나 세상의 위로를 구하기보다, 하나님이 그곳에 미리 세워 두신 주의 종들에게 나아가 기도를 요청할 수 있는 겸손과 지혜를 주시옵소서. 이름도 없이 빛도 없이 우리 아들 같은 청년들을 위해 인생을 바치시는 군목, 군 선교사들의 건강과 가정을 축복하시고, 그분들의 입술을 통해 선포되는 말씀이 아들의 무너진 심령을 다시 일으켜 세우는 생명수가 되게 하옵소서. 예수님의 이름으로 기도합니다. 아멘.

첫 월급: "하나님의 것을 구별합니다"
(요셉의 창고 훈련)

✚

"네 재물과 네 소산물의 처음 익은 열매로 여호와를 공경하라" 잠언
3:9

훈련소의 먼지를 털어 낸 아들의 휴대전화에 찍힌 '급여 입금' 알림은
단순한 숫자가 아닙니다. 오늘날의 군 월급은 인생의 기초 자산을 형성할
실질적인 종잣돈입니다. 이 순간이 아들의 평생 재정관을 결정짓는 첫 번
째 분기점임을 기억하십시오. 첫 월급은 고생에 대한 보상인 동시에, 하
나님의 것을 관리하는 청지기로서 훈련받을 '영적 시드머니'입니다.

팩트 체크: 요셉의 창고를 지으십시오

군 복무 기간은 경제적 정체기가 아니라 미래를 설계하는 비전의 시간

입니다. '장병내일준비적금'은 정부의 전폭적인 지원과 높은 금리 혜택을 통해, 전역 시 사회 진출을 위한 든든한 '마중물'을 만들어 줍니다. 요셉이 풍년의 때에 다가올 흉년을 대비했듯, 인생의 광야에서 약속의 땅을 준비하는 거룩한 저축을 시작하게 하십시오.

부모의 실천: 거룩한 재정 습관 만들기

'축하'로 마음의 문을 여십시오

"첫 월급 축하해! 나라를 지키며 흘린 땀방울의 대가니 정말 귀하고 값진 돈이란다." 부모의 인정은 올바른 소비를 이끄는 힘이 됩니다.

'첫 열매'의 원칙을 가르치십시오

"아들아, 아주 작은 부분이라도 하나님께 먼저 구별해 드리렴. 이는 네 소유와 생명의 주인이 하나님이심을 선포하는 당당한 고백이란다."

'60/40'의 창고 설계를 도우십시오

십일조 후 남은 돈의 60% 이상은 적금으로, 40%는 PX 이용 및 생활비로 가이드하십시오. 지금 쌓는 이 창고가 훗날 학업이나 창업의 든든한 디딤돌이 될 것입니다.

'디지털 헌금' 습관을 격려하십시오

부대 교회의 계좌번호를 확인해 주일 아침 휴대전화의 모바일 뱅킹으로 정성을 드리게 하십시오. 중심을 드리는 예물은 예배의 완성입니다.

부모의 기도

공급자 되시는 하나님, 제 아들에게 땀 흘려 정직하게 얻는 소득의 기쁨을 알게 하시니 감사합니다. 아들이 이 첫 월급을 대할 때, 그것을 단순한 소비의 도구로 보지 않고 하나님이 맡기신 거룩한 신뢰의 증표로 보게 하소서. 액수가 아닌 그 중심을 보시는 주님, 아들이 첫 열매를 기쁨으로 구별하여 드릴 때 그의 평생의 재정을 주님이 친히 책임져 주시옵소서. 돈의 노예가 아닌 물질을 다스리는 지혜로운 청지기로 살아가게 하시고, 그가 쌓는 요셉의 창고가 훗날 수많은 사람을 살리는 축복의 통로가 되게 하옵소서. 예수님의 이름으로 기도합니다. 아멘.

20

아들의 '기회': 군종병으로 섬기기
(신앙의 안전한 울타리)

✚

"각각 은사를 받은 대로 하나님의 여러 가지 은혜를 맡은 선한 청지기 같이 서로 봉사하라" 베드로전서 4:10

"군 생활도 힘든데 주말에 봉사까지?" 부모님의 솔직한 심정은 아들이 주말만이라도 그저 편히 쉬는 것일지 모릅니다. 하지만 기억하십시오. 육체의 쉼이 반드시 영혼의 회복을 보장하지는 않습니다. 군대라는 고립된 공간에서 아무것도 하지 않는 '텅 빈 시간'은 잡념과 유혹이 자라기 가장 좋은 토양입니다. 아들을 '거룩한 의무'라는 사랑의 결속에 매어 두는 것은 짐을 지우는 것이 아니라, 세상의 조류로부터 격리하고 보호하는 '가장 견고한 영적 울타리'를 쳐 주는 일입니다.

팩트 체크: 군종병(군종 봉사자)이 누리는 3가지 특권

- 확실한 영적 방패(Shield): 주말 자유 시간을 휴대전화의 유혹 속에 방치하는 대신 예배를 준비하고 찬양을 연습하는 시간은 죄의 유혹이 틈타지 못하게 하는 가장 확실한 방어선입니다.

- 거룩한 인맥(Holy Network): 군종병으로 섬기며 만나게 되는 신실한 전우들은 아들의 군 생활을 지탱하는 강력한 '거룩한 네트워크'가 됩니다. 고통을 기도로 소화할 줄 아는 '믿음의 전우' 한 명은 사회의 친구 백 명보다 값진 인생의 자산입니다.

- 특별한 영적 축제(Special Event)

  - 6.25상기 기독장병 구국성회: 매년 6월, 오산리최자실기념금식기도원에서 전군 약 1만여 명의 장병이 뿜어내는 기도의 함성은 사회의 세련된 예배와는 차원이 다른 '역동적인 성령의 임재'를 경험하게 합니다.

  - 신앙 수련회: 부대 교회별 비전 캠프 등을 통해 지친 영혼을 재충전하며, 자신이 '하나님의 군사'임을 재확인하는 정체성 확립의 기회가 됩니다. (※ 부대 운영 지침과 여건에 따라 성실히 봉사한 장병에게는 '포상 휴가'가 주어지기도 합니다. 이는 고된 일과 속에서도 하나님의 성소를 지킨 아들을 향한 주님의 세밀한 보너스와 같습니다.)

부모의 실천: 참여를 넘어 후원으로

'영적 훈련' 참석을 적극 독려하십시오

피곤해하는 아들에게 미안해하지 마십시오. "아들아, 6.25상기 기독장병 구국성회는 군인일 때만 갈 수 있는 귀한 기회란다. 전국 믿음의 형제들과 함께 성령의 뜨거운 임재를 경험하고 오면 좋겠어. 엄마가 그때 맞춰 더 간절히 기도할게."

'간식비' 후원으로 아들의 어깨를 세워 주십시오

아들이 섬기는 교회나 소대원들을 위해 간식을 보내 주십시오. 이는 아들뿐 아니라 동료들의 마음까지 얻어 내는 지혜로운 전도의 접촉점이 됩니다.

'군 선교'의 든든한 동역자가 되어 주십시오

내 아들 한 명을 넘어 한국 교회 다음 세대를 위해 '한국기독교군선교연합회(MEAK)'와 각 교단 군선교국, 부대 교회에 후원하는 '보내며 지원하는 선교사'의 삶을 시작하십시오.

　청지기의 주인 되시는 하나님, 제 아들이 군대라는 광야에서 세상이 주는 나태한 쉼이 아니라, 주님 안에서 누리는 참된 안식을 발견하게 하소서. 부대 교회에서 작은 군종병으로 섬길 거룩한 기회를 허락하시어, 그 섬김이 아들의 영혼을 유혹으로부터 차단하는 '거룩한 방어선'이 되게 하소서. 특히 오산리 구국성회와 같은 은혜의 현장에 아들의 발걸음을 인도하셔서, 수만 명의 형제와 함께 울며 기도할 때 평생 잊지 못할 성령의 불세례를 체험하게 하소서. 섬김을 통해 아들의 믿음의 키가 훌쩍 자라나게 하시고, 선한 청지기로서 인생을 경영하는 법을 배우게 하소서. 예수님의 이름으로 기도합니다. 아멘.

21

[집중]
'평일 저녁 3시간', 휴대전화와의 영적 전쟁

✝

"사람이 감당할 시험 밖에는 너희가 당한 것이 없나니 오직 하나님은 미쁘사 너희가 감당하지 못할 시험 당함을 허락하지 아니하시고 시험 당할 즈음에 또한 피할 길을 내사 너희로 능히 감당하게 하시느니라" 고린도전서 10:13

과거의 군대가 육체적 고통이라는 '외부의 적'과 싸웠다면, 휴대전화 시대의 군대는 무분별한 자극이라는 '내면의 적'과 치열한 사투를 벌이는 곳입니다. 일과 후 주어지는 3시간의 자유는 아들에게 안식의 선물이기도 하지만, 동시에 유혹이 드나드는 통로가 되기도 합니다. 그 작은 화면이 '은혜의 창문'이 될지, 영혼을 가두는 '디지털 감옥'이 될지는 부모의 깨어 있는 기도에 달렸습니다. 진정한 신앙의 실력은 강제적인 '통제'가 사라진 자유의 시간에 죄를 짓지 않는 능력에서 나옵니다.

팩트 체크: 휴대전화가 허용된 병영 환경

- 사용 시간의 창: 평일(17:30~21:00)과 주말 및 공휴일(08:30~21:00)에 외부와 연결됩니다. (※ 단, 휴대전화 사용 시간과 규정은 국방부 정책이나 부대별 임무 특성, 운영 지침에 따라 수시로 변동될 수 있습니다. 아들이 속한 부대의 최신 안내를 확인하시기 바랍니다.) 이 시간은 세상의 화려함과 초라한 자신을 비교하거나, 정서적 고립감을 느끼기 가장 쉬운 시간대임을 인지하십시오.
- 보이지 않는 저격수: 사이버 도박(스포츠 토토 등)은 단순한 유희가 아니라 아들의 인생을 송두리째 앗아 가는 무서운 덫입니다. "남들도 다 한다"는 안일함이 영혼을 폭파하는 '디지털 지뢰'가 될 수 있음을 부모님이 먼저 직시해야 합니다.

부모의 실천: 감시자가 아닌 파수꾼이 되어

'골든타임'의 구명줄을 던지십시오

디지털 망망대해에서 아들을 건져 올릴 약속을 만드십시오. "저녁 8시부터 10분간은 부모님과 목소리를 나누자"는 약속은 아들의 마음이 세상으로 떠내려가지 않게 붙드는 든든한 닻이 됩니다.

'영적 백신'을 실시간으로 투여하십시오

휴대전화 전원이 켜지는 저녁 시간에 맞춰 말씀 카드나 따뜻한 응원 메시지를 보내십시오. 아들이 자극적인 영상 대신 부모의 사랑과 말씀을 먼저 '클릭'하게 만드는 영적 전술이 필요합니다.

'영적 지뢰'에 대해 단호히 경고하십시오

도박과 음란물은 호기심의 영역이 아닌 인생 파괴의 주범임을 분명히 가르치십시오. "한 번의 잘못된 선택이 네 평생의 꿈을 앗아 갈 수 있다"는 엄중하면서도 사랑 어린 권면이 아들을 보호하는 가장 강력한 갑옷입니다.

부모의 기도

만군의 여호와 하나님, 어둠이 내린 생활관 한구석에서 홀로 켜진 아들의 휴대전화 불빛을 주님의 불꽃 같은 눈동자로 지켜보소서. 그 작은 화면이 유혹의 구렁텅이가 되지 않게 하시고, 세상과 소통하되 세속의 탁한 물에 물들지 않는 '거룩한 방어막'을 아들의 눈과 마음에 씌워 주소서. 아들의 손이 죄의 쾌락을 검색하는 손이 아니라 주님의 임재를 갈망하는 손이 되게 하시고, 3시간의 자유 시간이 영혼을 소진하는 시간이 아닌 내일을 준비하는 창조적인 시간이 되게 하옵소서. 유혹을 이길 힘을 주시는 예수님의 이름으로 기도합니다. 아멘.

22

부모의 관찰자 모드:
섣부른 조언 대신 깊은 경청

✛

"사람의 마음에 있는 모략은 깊은 물 같으니라 그럴지라도 명철한 사람은 그것을 길어 내느니라" 잠언 20:5

저녁 8시, 수화기를 타고 넘어오는 아들의 불평 섞인 목소리를 들을 때면 부모의 '해결사 본능'은 거세게 꿈틀거립니다. 당장 부대에 전화를 걸거나 정답을 쥐여 주고 싶겠지만, 기억하십시오. 거친 파도를 잠재우는 것은 맞부딪치는 맞바람(충고)이 아니라, 그 자리를 묵묵히 지키는 방파제(경청)입니다. 아들은 지금 답을 몰라서 묻는 것이 아닙니다. 가장 안전한 항구인 부모에게 잠시 마음의 닻을 내리고 싶을 뿐입니다. 이때 부모가 취해야 할 최고의 전략은 한 걸음 물러나 아들의 감정을 온전히 읽어 주는 '관찰자 모드'입니다.

팩트 체크: 불평은 '생존' 신호입니다

아들의 투정을 나약함으로 치부하지 마십시오. 오히려 그것은 아들의 마음이 여전히 살아 있으며, 부모를 절대적으로 신뢰하고 있다는 영적인 생존 신호입니다.

부모의 실천: 입을 닫고 가슴을 여는 법

아들의 메아리가 되어 주십시오

아들의 말을 투명하게 비춰 주십시오. "그 선임 때문에 정말 답답했겠구나." 내 마음을 알아주는 단 한 사람만 있어도 아들은 다시 일어설 용기를 얻습니다.

섣부른 '마침표'를 찍지 마십시오

"그래서 결론이 뭐야?", "너는 어떻게 할 건데?"라고 대화를 성급히 매듭짓지 마십시오. 아들의 이야기가 끝날 때까지 따뜻한 침묵으로 '쉼표'를 찍으며 기다려 주십시오. 아들은 부모에게 말을 쏟아 내는 과정 자체에서 스스로 답을 찾아가는 '영적 자생력'을 갖추고 있습니다.

해결책은 아들이 '요청'할 때만 꺼내십시오

아들이 "엄마, 아빠 나 정말 어떡해?"라고 직접 도움을 구하기 전까지는 철저히 관찰자 모드를 유지하며 아들의 저력을 믿어 주십시오. 기다려 주는 것, 그것이 아들을 아이가 아닌 '영적 성인'으로 대우하는 가장 수준 높은 사랑입니다.

부모의 기도

귀를 지으신 하나님, 제게 아들의 마음 소리를 온전히 듣는 '영적인 귀'를 허락하소서. 아들이 쏟아 내는 거친 불평의 껍데기 속에 감추어진, 상처받고 외로운 진심을 꿰뚫어 보게 하소서. 저의 조급한 조언과 섣부른 충고가 아들의 입을 닫게 하는 걸림돌이 되지 않게 하시고, 오직 따뜻한 공감과 묵묵한 기다림으로 아들이 스스로 일어설 힘을 얻게 하는 디딤돌이 되게 하소서. 오늘 밤, 전화기 너머 아들의 한숨이 주님의 평강으로 바뀌게 하옵소서. 아들의 말 한마디 한마디를 주님이 친히 들으시고, 그 마음을 주의 인자함으로 어루만져 주소서. 예수님의 이름으로 기도합니다. 아멘.

23

아들의 '연인·친구' 관계,
부모의 따뜻한 시선과 기도

✛

"모든 것을 참으며 모든 것을 믿으며 모든 것을 바라며 모든 것을 견디느니라" 고린도전서 13:7

군대에 간 아들에게 '사랑'은 가장 따뜻한 방한복인 동시에, 때로는 심장을 찌르는 가장 날카로운 가시가 되기도 합니다. 여자친구와의 갈등으로 괴로워하는 아들을 보며 부모는 "연애가 대체 무엇이기에 저렇게까지 힘들어하나" 싶겠지만, 아들에게 사랑은 세상과 연결된 유일한 '정서적 생명줄'입니다. 그 끈이 흔들릴 때 아들의 온 세상도 함께 요동칩니다.

지금 아들에게 필요한 것은 훈계하는 교사가 아니라, 흔들리는 다리를 묵묵히 받쳐 주는 기둥 같은 부모입니다. "네가 소중히 여기는 사람이라면, 나 역시 소중히 여기겠다"는 부모의 넉넉한 태도는 아들의 무너진 자존감을 다시 세우는 가장 강력한 힘이 됩니다.

팩트 체크: 이별은 '사고'가 아니라 '성장통'입니다

군 복무 중 겪는 이별은 흔한 일이지만, 당사자인 아들에게는 군 생활 전체를 뒤흔드는 위기입니다. 만약 아들이 관계의 아픔을 겪게 된다면, 그것을 '실패'가 아닌 '성숙의 과정'으로 정의해 주십시오. 누군가를 깊이 사랑하고 또 진통하며 떠나보내는 연단을 통해, 아들은 타인의 아픔을 이해하는 '진정한 성인'으로 빚어지게 됩니다.

부모의 실천: 비난 대신 든든한 지지를

무조건 아들의 편에 서서 '공감'하십시오

상대방의 잘잘못을 따지거나 비난하기보다, 아들의 아픈 마음에만 집중하십시오. "네가 그만큼 그 친구를 진심으로 아꼈으니 마음이 참 애타겠구나." 부모에게 온전히 공감받은 아들은 감정을 추스르고 다시 일상으로 돌아올 에너지를 얻습니다.

아들의 기를 살려 주는 '지원 사격'을 아끼지 마십시오

아들이 훈련 중이라 기념일을 챙기지 못해 발을 구르며 애태울 때, 부모님이 대신 작은 배려(기프티콘이나 편지 등)를 베풀어 주십시오. 이는 아들의 자존감을 지켜 주는 가장 확실한 '보급품'이 됩니다.

관계의 주권을 주님께 맡기는 '중보'를 시작하십시오

아들의 관계를 부모가 통제하려 하지 마십시오. 기다림의 시간이 상처로 얼룩지지 않고, 서로의 내면이 단단해지는 시간이 되도록 기도로 지켜 주는 것이 부모의 진정한 사명입니다.

부모의 기도

사랑의 근원 되시는 주님, 사람 때문에 아파하고 관계 때문에 잠 못 이루는 제 아들을 긍휼히 여겨 주소서. 담벼락 너머의 소식 하나에 가슴이 무너지는 아들의 마음을 주님의 크신 위로로 채워 주소서. 이 기다림의 시간이 원망과 고통의 시간이 아니라, 주님 안에서 참된 사랑의 의미를 깨닫는 거룩한 연단의 시간이 되게 하소서. 모든 만남과 헤어짐의 주권자이신 주님께 아들의 모든 관계를 맡겨 드리오니, 아들의 모든 관계를 주님의 손에 올려 드리오니, 그 손길로 아들의 마음을 붙들어 주옵소서. 예수님의 이름으로 기도합니다. 아멘.

24

영상통화 안내:
'그린비와 아미고' 활용법

✝

"… 너희에게 가서 대면하여 말하려 하니 이는 너희 기쁨을 충만하게 하려 함이라" 요한이서 1:12

평일 저녁, 아들의 목소리뿐 아니라 얼굴이 보고 싶어 영상통화를 시도하지만 화면은 굳게 잠겨 있습니다. 군대에는 안보를 위한 '디지털 철조망'인 보안 앱이 깔려 있어 개인 휴대전화의 카메라 기능이 차단되기 때문입니다. 결국 아들은 부모님을 만나기 위해 생활관 복도, 휴게실, 혹은 부대 내 지정 구역에 설치된 영상통화 전용 스마트 단말기를 이용해야 합니다. 부대 내 네트워크 환경에 따라 화질이 흐릿하고 기계음이 뚝뚝 끊기는 현상이 빈번하게 발생하지만, 그 너머로 보이는 구릿빛으로 그을린 아들의 얼굴은, 그 자체로 부모의 가슴을 뭉클하게 하는 가장 애틋한 소통의 창이 됩니다. (※ 부대별 시설 여건이나 정책에 따라 이용 방식은 변동될 수 있습니다.)

보안 앱에 의한 카메라 차단

입대와 동시에 설치되는 '국방모바일보안' 앱이 카메라와 녹음 기능을 완벽히 차단합니다. 따라서 아들의 개인 폰으로는 일반적인 영상통화가 불가능합니다.

전용단말기 '그린비와 아미고'

군대에는 카메라가 부착된 전용 스마트 공중전화 단말기가 있습니다. 부대마다 사용하는 기종(그린비, 아미고 등)이 다르므로 부모님 휴대전화에도 해당 전용 앱이 설치되어 있어야 디지털 면회가 가능합니다.

부모의 실천: 디지털 면회의 기술

전용 앱을 미리 설치하고 알림을 켜 두십시오

자대 배치 후 첫 통화 때 아들에게 어떤 시스템을 쓰는지 확인하여 미리 앱을 깔고 알림을 켜 두십시오. 그래야 아들의 간절한 영상 전화를 놓치지 않습니다. (※ 군 보안 정책이나 부대 지침은 수시로 변동될 수 있으니 아들을 통해 최신 규정을 확인하십시오.)

화면 캡처는 부모님의 마음에만 소중히 보관하십시오

반가운 마음에 화면을 캡처하더라도 SNS(카톡 프로필, 인스타)에 올리는 것은 신중해야 합니다. 배경에 노출된 시설이나 장비가 보안 문제가 되어 아들이 곤란해질 수 있습니다. 캡처한 사진은 부모님의 휴대전화에만 소중히 간직하십시오.

부모의 기도

소통의 근원 되시는 하나님, 문명의 이기를 통해 멀리 떨어진 아들의 얼굴을 마주하게 하시니 감사합니다. 고정된 앵글과 좁은 화면 속에 갇힌 짧은 만남이지만, 그 흐릿한 영상 너머로 전해지는 아들의 진심을 읽게 하소서. 배경을 보려는 호기심보다 아들의 영혼을 살피려는 사랑을 더하여 주시고, 화면이 꺼진 뒤에도 아들의 눈빛이 제 마음에 깊이 남아 기도의 불씨가 되게 하소서. 다시 얼굴과 얼굴을 마주할 그날까지, 아들의 얼굴에 주님의 광채를 비추어 주옵소서. 예수님의 이름으로 기도합니다. 아멘.

25

아들과의 관계가 이미 멀어졌다면
(가정 회복의 결정적 시기)

┼

"그가 아버지의 마음을 자녀에게로 돌이키게 하고 자녀들의 마음을 그들의 아버지에게로 돌이키게 하리라" 말라기 4:6

아들이 떠난 빈방을 보며 회한의 숨을 내뱉고 계십니까? 입대 전까지 날 선 말로 서로를 할퀴었던 기억이 가시처럼 박혀 있을지 모릅니다. 하지만 낙심하지 마십시오. 지금 당신이 느끼는 그 갈급함이 바로 하나님이 시작하시는 '회복의 전주곡'입니다. 군대는 관계의 종착역이 아니라, 하나님이 비뚤어진 관계를 바로잡기 위해 허락하신 '영적인 수술대'입니다. 익숙한 도피처에서 격리된 아들과 아들의 부재를 경험하는 부모, 서로가 서로의 소중함을 뼈저리게 느끼는 지금이 바로 관계 회복의 골든타임입니다.

물리적 거리는 감정적 객관화를 가능하게 합니다. 늘 붙어 있을 때는 '단점'만 크게 보였으나, 떨어져 있으면 비로소 그 존재의 '빈자리'가 보이기 시작합니다. 군대라는 고립된 환경은 아들의 정서적 갈구를 높이며, 사회에서 친구나 유흥으로 향했던 마음을 '가족'이라는 가장 안전한 항구로 돌리게 만듭니다. 아들은 지금 그 어느 때보다 부모의 따뜻한 손길을 본능적으로 갈망하고 있습니다.

부모의 실천: 조건 없는 사랑의 흘려보냄

과거라는 그림자를 불러내지 마십시오

"고생해 보니 깨닫는 게 있니?" 같은 정죄는 금물입니다. 지금 아들에게 필요한 것은 심판관의 칼날이 아니라, 모든 허물을 덮어 주는 중보자의 긍휼입니다.

먼저 사과하는 용기를 내십시오

사과는 성숙의 증거이자 닫힌 마음을 여는 '마스터키'입니다. "아들아, 그때 네 마음을 헤아려 주지 못해 미안하구나. 너를 보내고 나니 그게 가장 후회되는구나."

'답장 없는 편지'를 멈추지 마십시오

아들의 반응이 당장 오지 않더라도 사랑의 고백을 멈추지 마십시오. 정성껏 쌓인 편지 한 통 한 통이 아들이 세운 거부의 성벽을 밑바닥부터 서서히 허물어뜨릴 것입니다.

부모의 기도

만물의 회복자 되시는 하나님, 아들을 내 소유물로 여기고 함부로 대했던 저의 독선과 혈기를 진심으로 회개합니다. 상처 주는 말로 아들의 마음에 생채기를 냈던 저를 용서하여 주시고, 부모에게 받은 상처로 인해 닫혀 버린 아들의 마음을 주님의 보혈로 어루만져 주소서. 군 생활의 연단이 아들에게 '쓴 뿌리'가 아닌 '성숙의 밑거름'이 되게 하시고, 우리 사이에 가로막힌 담을 허물어 주셔서 다시 눈을 맞추고 웃으며 대화할 기적을 허락하소서. 이 복무 기간이 잃어버린 아들을 다시 찾는 은혜의 시간이 되게 하시며, 우리 가정이 예수님 안에서 진짜 가족으로 거듭나는 축복을 누리게 하옵소서. 예수님의 이름으로 기도합니다. 아멘.

4부

거룩한 습관

익숙함이 유혹이 될 때 신앙의 근육 키우기
(일병 시기)

영적 과제: 군 생활의 익숙함을
거룩한 신앙 습관으로 바꾸기

아들의 가슴에 일병 계급장이 새겨졌습니다. 팽팽했던 긴장은 어느덧 노련한 '요령'으로 바뀌고, 절박함이 머물던 자리에는 나른한 나태함이 스며들기 시작합니다. 신앙적으로 가장 위험한 '안일함의 늪'에 도달한 것입니다.

광야의 고난보다 무서운 적은 자대의 '편안함'입니다. 이제 아들은 외부의 강요된 훈련이 아니라, 내면에서 은밀히 솟아오르는 유혹 — 거친 언어, 음란물, 적당한 타협의 목소리 — 과 스스로 싸워야 합니다. 부모는 아들의 영성이 무뎌지지 않도록, 잠시 내려놓았던 중보의 무릎을 다시 곧게 세워야 할 때입니다.

지금 부모의 상태(FACT)

아들이 부대에 잘 적응했다는 안도감이 '영적 방임'으로 이어지기 쉽습니다. '이제 알아서 잘하겠지'라는 방심은 기도의 화력을 급격히 떨어뜨리는 원인이 됩니다.

아들이 느끼는 상태(EMOTION)

예배의 간절함이 사라진 '영적 권태기'를 경험합니다. 동시에 선후임들의 문화에 휩쓸리고 싶은 '강한 동화 욕구'가 충돌하며, 신앙의 기준선을 슬그머니 낮추려는 유혹을 받습니다.

지금 독이 되는 부모의 말(DON'T)

- "이제 적응 다 했으니 걱정 안 해도 되겠다": 아들에게 방심해도 된다는 잘못된 신호를 주어 사고를 부를 수 있습니다.
- "술, 담배 절대 안 돼! 너 크리스천이잖아": 율법적인 금지는 반발심을 부추깁니다. 통제보다 '영적 자존심'과 '정체성'을 일깨워 주는 것이 우선입니다.

지금 약이 되는 부모의 행동(DO)

- 영적 초심을 주기적으로 점검해 주십시오: "훈련소에서 처음 예배드릴 때의 그 간절한 첫 마음을 요즘도 잘 간직하고 있니?"라고 물으며 스스로를 돌아보게 하십시오.
- 거룩한 비주류의 가치를 전하십시오: 남들이 가는 넓은 길을 따라가는 군중이 아닌, 좁은 길에서도 중심을 지키는 '그리스도의 용사'라는 자부심을 심어 주십시오. 부모의 격려는 아들이 세상과 구별된 길을 걷게 하는 용기가 됩니다.

1. 주님, 아들이 누리는 오늘의 편안함이 영적인 깊은 잠이 되지 않도록 그의 영혼을 늘 깨워 주시옵소서.

2. 일상의 익숙함 속에 몰래 숨어 들어오는 세상의 유혹을 단호히 분별할 영적 민감함을 더하여 주소서.

3. 오늘 하루도 "나는 하나님의 사람입니다"라고 당당히 선포하며, 세상과 구별된 향기를 발하는 용사가 되게 하소서. 예수님의 이름으로 기도합니다. 아멘.

26

5-10-5 실천 점검:
무너진 거룩한 습관 다시 세우기

✝

"내가 내 행위를 생각하고 내 발길을 돌이켜 주의 증거들로 향하였
나이다" 시편 119:59

"엄마, 요즘은 좀 살 만해요." 아들의 여유로운 목소리는 반갑지만, 그 이면에는 '영적 매너리즘'이라는 소리 없는 위기가 숨어 있을 수 있습니다. 훈련소 시절의 절박했던 기도는 어느덧 희미해지고, 휴대전화의 화려한 알고리즘이 그 빈자리를 채우기 쉬운 시기이기 때문입니다. 신앙의 세계에서 고난보다 무서운 적은 늘 '편안함'이었습니다. 영적 잠에 취한 아들을 흔들어 깨우되, 다그침이 아닌 따뜻한 햇살 같은 지혜로 아들의 영적인 눈을 뜨게 하십시오.

부모의 실천: 비난의 화살 대신 초청의 손길을

질문의 각도를 바꾸십시오

(×) "요즘 5-10-5 약속은 잘 지키고 있니?" 같은 추궁은 아들의 방어 기제만 부릅니다. "아들아, 입대 전 약속한 시간들을 지키기에 요즘 부대에서 가장 방해되는 게 뭐야?"라고 물으며 아들이 처한 상황을 먼저 공감해 주십시오.

장벽을 낮추어 주는 '1분 실천법'을 제안하십시오

5분이 무겁게 느껴진다면 목표를 과감히 수정해 주십시오. "아들, 잠들기 전 딱 1분만이라도 눈을 감고 하나님께 감사 고백을 해 보렴. 그 짧은 1분의 틈이 네 영혼을 지키는 견고한 방패가 될 거야."

부모가 먼저 '함께 다시 시작'하는 태도를 보이십시오

"사실 엄마도 요즘 기도가 좀 소홀했어. 우리 오늘부터 다시 같이 시작해 볼까?" 부모가 자신의 연약함을 먼저 고백할 때, 아들은 실패했다는 죄책감을 털어내고 다시 시작할 용기를 얻습니다.

Tip

디지털 도파민에서 벗어나 지성의 근육을 키우는 '1-1-1 독서법'을 제안해 보세요.

· 공식: 1개월 동안 + 1권의 신앙 서적 + 1권의 인문/전공 서적 읽기

입대 시 챙겨 준 책 한 권이 아들의 인생 항로를 바꾸는 나침반이 됩니다. 전역 후 세상이 감당하지 못할 '지적 청지기'로 준비되도록 독서를 격려하십시오.

부모의 기도

하나님, 편안함이라는 늪에 빠져 주님을 향한 첫사랑을 잃어 가는 제 아들을 긍휼히 여겨 주옵소서. 훈련소 연병장에서 흘렸던 그 간절했던 눈물을 회복시켜 주시고, 익숙함 속에 몰래 숨어 들어오는 나태함을 단호히 물리치게 하소서.

매일 짧은 시간이라도 주님을 대면하는 '거룩한 고집'을 허락하시고, 그 작은 습관들이 모여 아들의 평생을 지탱할 단단한 영적 근육이 되게 하소서. 날마다 주 앞에 무릎 꿇는 거룩한 고집을 아들에게 허락하여 주옵소서. 예수님의 이름으로 기도합니다. 아멘.

27

아들과 함께 드리는 '군교회 예배'
(영적 다리 놓기)

✝

"사람이 내게 말하기를 여호와의 집에 올라가자 할 때에 내가 기뻐하였도다" 시편 122:1

첫 면회나 외출 소식에 부모의 마음은 벌써 부대 앞 식당에 가 있곤 합니다. 아들의 주린 배를 채워 주는 육의 사랑도 귀하지만, 그보다 시급한 것은 아들의 메마른 '영적 허기'를 채우는 것입니다. 아들이 매주 홀로 지켰던 군교회 의자에 나란히 앉아 주는 것만큼 강력한 지지는 없습니다.

부모의 옷깃이 맞닿는 그 짧은 예배 시간, 아들은 자신이 광야에 혼자 버려진 존재가 아님을 온몸으로 깨닫습니다. 군교회 방문은 아들의 영적 본진을 보강하는 '가족 연합 작전'이자, 남은 복무 기간을 지탱할 거대한 영적 닻을 내리는 행위입니다.

군교회는 엄연한 보안 구역이므로 방문 전 교회 유형을 반드시 확인해야 발길을 돌리는 불상사를 방지할 수 있습니다.

영외(營外) 교회

일반 교회처럼 자유롭게 방문 가능하나, 부대 사정이나 훈련일정에 따라 출입 통제가 있을 수 있으니 사전에 확인하십시오.

영내(營內) 교회

민간인 출입 통제구역입니다. 아들을 통해 최소 1~2주 전에 미리 예배 참석 의사를 밝히고, 부대 측의 비회원 방문 승인(신분 확인 등)을 받아야 입장이 가능합니다.

부모의 실천: 축복의 통로 되기

'영적 사령관'인 군종 목사, 군 선교사와 소통하십시오

예배 후 아들을 돌보는 군종 목사와 군 선교사께 감사를 전하십시오. "목사님, 저희 아들 ○○○ 일병입니다. 이 척박한 곳에서 말씀으로 먹여 주시니 정말 든든합니다." 부모의 진심은 사역자에게 큰 위로와 사명감을 줍니다.

'영적 중보'를 공식적으로 부탁하십시오

부모의 한계를 인정하고 현장 조력자에게 도움을 구하십시오. "가장 가까이 계신 목사님께서 영적 아버지처럼 격려해 주시면 정말 감사하겠습니다."

작은 섬김으로 '영적 본진'을 응원하십시오

장병들을 위한 작은 간식이나 헌금을 준비하십시오. 이는 단순한 호의가 아니라, "이곳이 우리 아들의 영적 거점임을 인정한다"는 믿음의 표현이자 동료 장병들의 마음을 여는 복음의 열쇠가 됩니다.

부모의 기도

예배의 주인이신 하나님, 아들의 영적 최전선인 군교회로 저의 발걸음을 인도하시니 감사합니다. 차가운 연병장 너머 세워진 그 작은 예배당에서 아들과 어깨를 나란히 하고 주님을 찬양하는 감격을 누리게 하소서.

그곳을 지키는 주의 종을 만날 때 제 입술에 지혜를 주시고, 아들을 향한 염려가 아닌 주님을 향한 감사를 전하게 하소서. 아들이 섬기는 그 교회가 인생에서 가장 뜨거운 은혜의 장소가 되게 하시고, 부모와 자녀가 함께 올리는 기도가 하늘 보좌를 움직이는 강력한 능력이 되게 하옵소서. 예수님의 이름으로 기도합니다. 아멘.

28

언어와 태도:
"너의 말 한마디가 너의 신앙이다"

-¦-

"무릇 더러운 말은 너희 입 밖에도 내지 말고 오직 덕을 세우는 데 소용되는 대로 선한 말을 하여 듣는 자들에게 은혜를 끼치게 하라" 에베소서 4:29

휴가 나온 아들의 입에서 튀어나오는 거친 비속어와 은어에 당혹스러우셨습니까? 하지만 너무 성급하게 나무라지 마십시오. 그것은 인격의 타락이 아니라, 척박한 야전에서 얕보이지 않기 위해 덧입은 '말의 갑옷'입니다. 내면이 여린 아들일수록 두려움을 감추기 위해 더 두껍고 거친 갑옷을 입기 마련입니다. 나그네의 외투를 벗긴 것이 따스한 햇볕이었듯, 아들의 거친 입술을 녹이는 것은 비난이 아니라 부모의 품격 있는 환대입니다. "여기서는 그 무거운 갑옷을 벗어도 된단다"라는 부모의 진심이 아들을 다시 '사랑받는 아들의 본연의 언어'로 돌아오게 합니다.

마음 체크: 욕설은 '두려움'의 다른 이름입니다

군대에서 거친 말은 일종의 힘의 과시로 통용되지만, 영적으로는 내면의 평안이 깨졌다는 신호입니다. 사람이 불안할 때 목소리가 커지고 말이 거칠어지는 법입니다. 아들의 언어를 들을 때 "말버릇이 그게 뭐니?"라고 혼내기보다, "지금 우리 아들의 마음이 참 치열한 전쟁터구나"라고 그 내면의 고단함을 먼저 읽어 주십시오.

부모의 실천: 말의 온도를 높이는 '언어의 연금술사'

지적 대신 '통역'을 해 주십시오

아들이 거친 말을 내뱉을 때 즉각 정죄하지 마십시오. "우리 아들, 지금 마음이 참 답답하다는 뜻이지? 엄마가 그 고단함을 그렇게 알아들을게." 부모가 거친 말을 정제된 감정 언어로 통역해 줄 때, 아들은 스스로를 객관화하며 교정할 용기를 얻습니다.

가정을 언어 청정 구역으로 선포하십시오

부모의 권위로 안전한 경계를 세워 주십시오. "부대 안에서는 살아남으려고 센 척할 수 있지만, 여기는 네가 강해 보이지 않아도 충분히 사랑받는 곳이란다. 우리끼리는 무장을 해제하자."

축복의 언어로 세속의 말을 덮으십시오

어둠을 쫓는 유일한 방법은 빛을 쏟는 것입니다. "네 입술은 하나님의 복을 담는 고귀한 그릇임을 잊지 마라. 오늘도 너를 축복한다." 부모의 축복은 아들의 입술에 묻은 세속의 먼지를 닦아 내는 가장 거룩한 해독제입니다.

부모의 기도

창조의 언어를 주신 하나님, 제 아들이 세상의 두려움 때문에 거친 말로 자신을 포장하는 가련한 위장을 멈추게 하소서. 세상의 탁한 언어가 아들의 영혼을 잠식하려 할 때, 부모인 제가 먼저 따스한 하늘의 언어로 아들의 전신을 덮어 주게 하소서. 아들의 입술이 타인의 가슴을 찌르는 날카로운 칼이 아니라, 상처받은 영혼을 살리고 덕을 세우는 치유의 약이 되게 하소서. 휴가 기간 아들의 입술에 파수꾼을 세워 주시고, 그 입에서 나오는 모든 말이 주님 보시기에 아름다운 향기가 되게 하옵소서. 예수님의 이름으로 기도합니다. 아멘.

29

음주·흡연의 유혹에 대처하는 영적 지혜

+

"너희는 이 세대를 본받지 말고 오직 마음을 새롭게 함으로 변화를 받아 하나님의 선하시고 기뻐하시고 온전하신 뜻이 무엇인지 분별하도록 하라" 로마서 12:2

첫 휴가나 외박의 설렘 속에서, 아들은 인생에서 가장 부드럽지만 날카로운 시험대에 서게 됩니다. 과거의 강압적인 술 문화는 자취를 감췄지만, 이제는 "분위기 깨지 마라"는 교묘한 '동조 압력(Peer Pressure)'이 아들의 마음을 파고듭니다. 외로움을 달래기 위해, 혹은 무리에서 소외되지 않으려 선택하는 한 잔의 술과 담배는 아들의 영혼을 흐리게 하는 '세상의 누룩'이 될 수 있습니다.

우리는 아들이 고립된 섬이 되길 원치 않습니다. 다만, 세상 한복판에서 다니엘처럼 '거룩한 구별됨'을 지켜 내길 원합니다. 술잔 대신 빛나는 성품으로 그 자리를 주도하는 법을 가르쳐야 합니다.

강요는 엄격한 징계 대상입니다

현재 군에서 술과 담배를 강권하는 행위는 '가혹행위'로 간주됩니다. 아들이 소신 있게 거절해도 보복당하는 시대는 지났음을 주지시켜 불필요한 두려움을 제거해 주십시오.

가장 무서운 적은 '소외감'입니다

술을 배우는 진짜 이유는 누군가의 강요가 아니라, '결속의 현장'에서 나만 배제될지 모른다는 불안함 때문입니다. 아들에게 무리 속에 섞이고 싶은 욕구보다 하나님 안에 머무는 평안이 더 크다는 사실을 일깨워 주는 것이 핵심입니다.

부모의 실천: 세상을 주도하는 다니엘의 처세술

거룩한 '영적 자존심'을 심어 주십시오

남을 따라가는 '군중'이 아닌, 기준을 제시하는 '용사'가 되게 하십시오. 부모의 신뢰는 아들이 세상 풍조를 거스르는 용기의 원천이 됩니다.

'거절'을 '헌신'으로 승화시키는 기술을 전하십시오

분위기를 망치지 않으면서 소신을 지키는 소통법을 연습시켜 보십시오. "제 신앙적 소신 때문에 술은 마시지 않습니다! 대신 오늘 고기는 제가 다 굽고, 뒷정리와 분위기는 제가 책임지겠습니다!" 기준은 명확히 밝히되 몸으로 더 섬기는 자세는 아들을 '까다로운 병사'가 아닌 '가장 신뢰받는 전우'로 만듭니다.

동료를 정죄하지 않는 '넉넉한 품'을 가르치십시오

"술 마시는 동료를 무시하지 마라. 너는 네 길을 가되 그들에게는 가장 따뜻한 친구가 되어 주렴. 네가 술잔 없이도 충분히 성실하고 행복하다는 것을 보여 주는 것이 가장 강력한 전도란다."

부모의 기도

분별력의 근원 되시는 하나님, 제 아들이 군대라는 거친 세상의 풍조에 휩쓸리지 않게 하소서. 분위기에 취해 신앙을 타협하는 비겁함이 아니라, 주님의 가치를 담대히 지켜 내는 거룩한 소신을 허락하소서.

아들이 술잔을 들지 않아도 그 자리의 기쁨이 되는 사람이 되게 하시고, 담배 연기 대신 기도의 향기를 피워 올리는 하나님의 용사가 되게 하옵소서. 세상의 유혹이 아들의 영혼을 두드릴 때마다 성령의 전신갑주로

보호하여 주시고, 아들의 몸가짐에서 그리스도의 향기가 묻어나게 하소
서. 예수님의 이름으로 기도합니다. 아멘.

30

[주의]
디지털 성(性) 유혹과 불법 도박 예방 가이드

✝

"내가 내눈과 약속 하였나니 어찌 처녀에게 주목하랴" 욥기 31:1 "부하려 하는 자들은 시험과 올무와 여러 가지 어리석고 해로운 욕심에 떨어지나니…" 디모데전서 6:9

부모님, 피할 수 없는 무겁고도 아픈 주제를 꺼냅니다. 이것은 음주나 흡연보다 백 배는 더 치명적이며, 아들의 영혼과 미래를 송두리째 무너뜨릴 수 있는 적입니다. 바로 매일 저녁 3시간, 휴대전화를 타고 침투하는 '디지털 도박'과 '성적 유혹'입니다. 몸은 부대 안에 있으나 영혼은 무방비로 유해 콘텐츠의 바다에 던져진 셈입니다. 이것은 실수가 아니라 범죄이며, 부드러운 조언을 넘어선 부모의 '단호한 개입'이 필요한 영역입니다.

팩트 체크: 놀이가 아닌 범죄입니다

- 불법 도박의 덫: 최근 군 내 불법 사이버 도박(스포츠 토토, 사다리 등) 적발 시 '군형법'에 의거해 형사 처벌 및 강제 전역(현역복무부적합심사) 조치가 취해질 수 있습니다. 호기심으로 시작한 베팅이 월급 탕진과 전우 간 채무 관계로 이어져 인생의 밑바닥으로 추락하는 사례가 허다합니다.
- 디지털 성범죄: 단순 음란물 시청을 넘어 불법 촬영물 공유나 성매매 사이트 접속은 명백한 범죄입니다. 폐쇄적인 공간에서 왜곡된 성 인식을 갖는 것은 아들의 영적 성결은 물론, 전역 후 사회적 매장으로 이어질 수 있는 위험천만한 일입니다.

부모의 실천: 사랑의 회초리로 방어막 치기

아들을 믿는다는 명목으로 방치하지 마십시오. 부모가 먼저 '영적 파수꾼'이 되어야 합니다.

'돌직구' 질문으로 경계심을 주십시오

민망함을 무릅쓰고 진지하게 물으십시오.

"아들아, 혹시 부대 안에 도박이나 불법 사이트 유혹은 없니? 네가 그런 덫에 걸려 소중한 꿈을 잃을까 봐 진심으로 걱정된다. 너를 믿기에 미리

군복 위에 기도를 입히다

경고하는 거야." 부모의 이 직접적인 확인은 아들에게 유혹을 뿌리칠 강력한 명분이 됩니다.

결과의 무거움을 엄중히 경고하십시오

"그것은 재미가 아니라 범죄란다. 사탄은 호기심을 미끼로 너를 옥죄려 할 거야. 한 번의 클릭이 네가 쌓아 온 모든 것을 무너뜨릴 수 있음을 명심해라."

기도의 '디지털 방어막'을 치십시오

부모는 아들의 폰을 감시할 수 없으나, 기도로는 보호할 수 있습니다. "하나님, 지금 휴대전화를 켠 아들의 눈과 손가락 끝을 지켜 주소서. 욥처럼 자신의 눈과 약속하게 하시고, 유혹의 영이 틈타지 못하게 하소서."

부모의 기도

거룩하신 하나님, 제 아들의 눈과 마음, 그리고 손가락 끝을 주님의 주권 아래 맡깁니다. 휴대전화를 통해 쏟아져 들어오는 모든 더러운 유혹과 탐욕의 올무에서 아들을 건져 주시옵소서.

화려한 광고와 쾌락의 미끼 뒤에 숨겨진 파멸의 덫을 보게 하시고, 아들이 "내가 어찌 하나님 앞에 범죄하리이까"라고 고백했던 요셉의 정결함을 입게 하소서. 시험에 들게 하지 마옵시고, 다만 악에서 구하소서. 아들의 눈과 마음에 욥의 언약을 새기시어, 주 앞에 정결한 용사로 서게 하옵소서. 예수님의 이름으로 기도합니다. 아멘.

31

'감사노트':
불평을 기도로 바꾸는 3일간의 도전

✝

"범사에 감사하라 이것이 그리스도 예수 안에서 너희를 향하신 하나님의 뜻이니라" 데살로니가전서 5:18

자대에 적응한 아들의 전화가 불평의 파편으로 가득 찰 때가 있습니다. 반찬 투정부터 선임 비판까지, 아들은 가장 안전한 대상인 부모에게 부정적인 감정을 쏟아 내며 생존을 이어 갑니다. 하지만 불평을 쏟아 낼수록 아들의 영혼은 황폐해집니다. 지금 아들에게 필요한 것은 '참으라'는 훈계가 아니라, 상황을 다르게 보게 하는 '영적 안경'입니다. 없는 것을 한탄하는 눈을 감고, 이미 주신 은혜를 발견하는 감사의 눈을 뜨게 해야 합니다.

광야의 승리 공식

이스라엘 백성이 광야에서 실패했던 결정적 이유는 '불평'이었습니다. 아들이 입술로 감사를 고백하기 시작할 때, 비로소 군대라는 광야를 통과하여 약속의 땅으로 나아갈 영적 자격을 얻게 됩니다.

언어의 창조적 힘

감사는 뇌 회로를 바꾸고 스트레스 호르몬을 줄이는 실제적인 힘이 있습니다. 작은 감사가 입술에 머물 때 아들의 생활관은 비로소 안식처로 변하기 시작합니다.

부모의 실천: 3일간의 기적 챌린지

거창한 영성 대신, 가벼운 놀이처럼 '감사 미션'을 제안해 보십시오.

'3일 감사 챌린지'를 제안하십시오

"아들아, 우리 딱 3일만 힘든 얘기 하기 전에 '감사한 일 3가지' 먼저 말하기 규칙을 정해 볼까?" 처음부터 길게 잡지 말고 짧은 기간을 설정하여 아들의 심리적 부담을 낮춰 주십시오.

부모가 먼저 '낮은 곳의 감사'를 보이십시오

"오늘 아들 목소리 들어서 감사해, 날씨가 맑아서 감사해." 소박한 고백으로 아들이 감사를 '어렵지 않은 것'으로 느끼게 유도하십시오.

사소한 감사에도 '열렬한 반응'을 보내십시오

"오늘도 좋아하는 고기 반찬이 나와서 감사해요"라는 사소한 말에도 "와! 하나님이 우리 아들을 정말 세밀하게 챙기시네!"라고 적극적으로 맞장구쳐 주십시오. 이러한 작은 성공의 경험이 불평의 영을 밀어냅니다.

부모의 기도

범사의 주관자 되시는 하나님, 제 입술이 먼저 아들에게 감사의 선한 통로가 되게 하소서. 아들이 결핍을 보며 탄식하는 대신, 이미 손에 쥐여 주신 은혜의 조각들을 세어 보며 찬송하게 하소서.

3일간의 작은 감사가 아들의 평생을 지탱하는 거룩한 습관이 되게 하시고, 그 감사가 아들의 군 생활을 지키는 가장 단단하고 빛나는 성벽이 되게 하옵소서. 아들의 입술이 날마다 감사의 제사를 드리는 거룩한 예배의 통로가 되게 하소서. 예수님의 이름으로 기도합니다. 아멘.

32

믿음의 이정표:
아들과 함께 쌓는 영적 추억 5가지

-+-

"모이기를 폐하는 어떤 사람들의 습관과 같이 하지 말고 오직 권하여 그 날이 가까움을 볼수록 더욱 그리하자" 히브리서 10:25

첫 휴가를 나온 아들의 머릿속은 늦잠과 친구, 그리고 PC방에 대한 갈망으로 가득합니다. 통제된 생활에 대한 보상심리로 세상의 즐거움을 만끽하고 싶어 하는 것은 지극히 당연한 일입니다. 하지만 부모님, 휴가는 단순히 세상으로의 해방이 아니라 하나님 안에서의 '영적인 재충전'이 되어야 합니다.

복귀하는 발걸음이 유독 무겁다면, 그것은 영혼이 제대로 쉬지 못했다는 증거입니다. 아들의 휴가 일정에 짧은 '믿음의 이정표'를 지혜롭게 배치하십시오. 부모와 함께하는 이 시간은 아들이 부대에 복귀할 때 챙겨 갈 가장 든든한 '영적 전투식량'이 될 것입니다.

강요하기보다 "이번 휴가 때, 이 중 딱 하나만 엄마랑 데이트하듯 같이 해 볼까?"라고 부드럽게 제안하십시오.

본 교회 주일예배 함께 드리기

아들이 자라온 모교회 예배에 참석하십시오. 반가운 선후배와의 만남은 '돌아올 곳이 있다'는 정서적 안정감을 줍니다. 특히 담임목사님을 찾아가 인사를 드리고 축복 기도를 받는 것은 휴가 중 누릴 수 있는 최고의 특권입니다.

재파송 가족 예배 드리기

복귀 전날 밤, 온 가족이 모여 짧은 예배를 드리십시오. 아들의 손을 잡고 "하나님, 잘 쉬게 하시니 감사합니다. 이제 다시 아들을 사역지로 파송합니다"라고 기도해 주십시오. 이 시간은 아들에게 '나는 혼자 가는 것이 아니라 파송받아 가는 것'이라는 사명감을 줍니다.

센스 있는 '군 선교' 선물 준비하기

부대 목사님이나 동료들을 위해 작은 섬김을 실천하십시오.

Tip(전략적 보급)

무거운 과자 묶음보다는 PX에 없는 '유명 빵집의 빵'이나 '제철 과일' 같은 사회의 맛이 더 환영받습니다. 물건이 번거롭다면 '감사 헌금'을 아들 편에 보내 목사님이 PX에서 풍성한 간식 파티를 열 수 있게 돕는 것도 지혜입니다.

서점에서 신앙 서적 선물하기

아들과 함께 서점에 가서 직접 고른 책 한 권을 선물하십시오. 휴대전화 사용이 없는 고요한 일과 시간, 아들은 그 책을 통해 부모님의 사랑과 하나님의 음성을 마주하게 될 것입니다.

'기도 산책' 또는 새벽기도 동행

단 하루, 조용한 공원을 함께 걸으며 대화하십시오. 화려한 이벤트보다 부모님과 보조를 맞춰 걸으며 나누는 "요즘 네 마음은 어떠니?"라는 질문이 아들에게는 그 어떤 명약보다 깊은 치유가 됩니다.

부모의 기도

안식의 주인 되시는 하나님, 아들에게 꿀맛 같은 휴가 시간을 허락하시니 감사합니다. 이 시간이 단순히 먹고 마시는 육신의 잔치로 끝나지 않게 하소서.

단 하루, 단 한 시간이라도 아들과 마음을 다해 예배하게 하시고, 아들이 영적 재충전의 기쁨을 회복하여 세상의 즐거움이 아닌 주님의 힘으로 당당히 부대에 복귀하게 하옵소서. 다시 사역지로 떠나는 아들 곁에 임마누엘로 동행하여 주소서. 예수님의 이름으로 기도합니다. 아멘.

33

부모의 '탈진' 방지 실천:
함께 쉬고 함께 기도하기

✛

"수고하고 무거운 짐 진 자들아 다 내게로 오라 내가 너희를 쉬게 하리라" 마태복음 11:28

입대 초기의 팽팽했던 긴장감이 지나고 복무가 일상이 될 무렵, 부모의 마음에는 형언할 수 없는 피로감이 소리 없이 밀려옵니다. 아들의 소식을 기다리며 언제든 응답할 준비를 하는 '심리적 대기 상태'가 길어지면서 부모의 영혼은 이미 '탈진'에 가까워졌을지 모릅니다. '아들은 고생하는데 나만 편해도 되나'라는 죄책감에 자신을 가두지 마십시오. 군 복무는 전역까지 이어지는 긴 마라톤입니다. 응원석의 부모가 먼저 탈진하면 정작 아들에게 힘이 필요한 순간에 그를 지탱해 줄 수 없습니다. 지금의 피로감은 믿음의 부족이 아니라, 잠시 멈추어 주님의 품 안에서 숨을 고르라는 주님의 세밀한 초청입니다.

마음 체크: 건강한 거리 두기가 사랑입니다

아들을 향한 과도한 정서적 밀착은 때로 아들의 홀로서기를 방해하는 걸림돌이 되기도 합니다. 아들은 지금 국가의 체계 안에서 스스로 인내하고 적응하며 '어른'으로 성장하는 중입니다. 부모님이 잠시 연락의 끈을 느슨하게 쥐어도 아들의 군 생활은 무너지지 않습니다.

이제 시선을 아들에게서 거두어 부모 자신의 영혼을 돌보는 연습이 필요합니다. 부모가 먼저 영적 평안을 회복해야, 그 맑고 평안한 마음이 수화기 너머 아들에게도 고스란히 전달됩니다.

부모의 실천: 죄책감 없이 안식하는 '영적 방학'

비행기 안전 교육에서 말하듯, 보호자가 먼저 산소마스크를 써야 아이를 도울 수 있습니다. 당신의 영혼에 먼저 안식을 공급하십시오.

연락의 강박에서 기분 좋게 탈출하십시오

아들의 연락에 즉각 응답해야 한다는 부채감을 내려놓으십시오. 가끔은 휴대전화를 멀리하고 오롯이 자신만의 시간을 보내도 괜찮습니다.

'부부만의 요새'를 다시 구축하십시오

아들이 집을 비운 지금은 부부 관계를 더욱 돈독히 할 최적의 시간입니다. 함께 산책하거나 취미를 공유하며 부부만의 시간을 채우십시오. 부모가 서로 사랑하며 행복하게 지낸다는 소식은 아들이 군 생활 중 받는 가장 든든한 '정서적 후원'입니다.

나를 위한 '주어 바꾸기' 기도를 시작하십시오

그간 모든 기도가 아들을 향해 있었다면, 이제는 주어를 '나'로 바꾸어 보십시오. "하나님, 아들을 향한 염려를 내려놓고 주님 앞에 제 영혼을 먼저 세웁니다. 지친 제 마음을 위로하시고 다시 기쁨으로 채워 주소서." 부모의 심령이 회복될 때 아들을 향한 축복의 깊이도 달라집니다.

부모의 기도

안식의 주인 되시는 주님, '수고하고 무거운 짐 진 자는 다 내게로 오라' 말씀하신 그 다정한 초청 앞에 저 자신을 세웁니다. 아들을 향한 사랑이 때로는 지나친 염려의 사슬이 되어 저 자신을 옭아매었음을 고백합니다.

아들을 지키시는 분은 제가 아니라 오직 전능하신 하나님이심을 믿음으로 선포하며, 오늘 밤 제 마음의 짐을 내려놓고 주님이 주시는 달콤한 안식을 누리게 하소서. 제 영혼이 먼저 기쁨으로 충만해져서, 아들에게

   군복 위에 기도를 입히다

불안이 아닌 평강을 전하는 넉넉한 부모가 되게 하옵소서. 예수님의 이름으로 기도합니다. 아멘.

5부

성숙

권한을 섬김으로, 분노를 절제로 승화하는 리더십
(상병/병장 시기)

영적 과제: 아들의 분노를
절제와 섬김의 리더십으로 바꾸기

아들의 가슴에 세 줄, 네 줄의 계급장이 새겨졌습니다. 이제 주눅 들어 있던 막내가 아니라 후임을 지휘하는 부대의 '실세'가 된 것입니다. 부모는 이제 괴롭힘당할 걱정은 없다며 안도하지만, 영적으로는 지금이 가장 위태로운 시기임을 잊지 마십시오.

약자일 때 신앙을 지키는 것보다, 강자가 되었을 때 정결함을 지키는 것이 훨씬 어렵기 때문입니다. 이제 부모의 기도는 '지켜 주소서'에서 '다스리게 하소서'로 바뀌어야 합니다. 아들이 가진 힘을 폭력이 아닌 섬김의 도구로 쓰도록 기도의 방향키를 정교하게 돌려주십시오.

지금 부모의 상태(FACT)

아들이 편해졌다는 생각에 기도의 긴장이 풀립니다. 후임 때문에 힘들다는 아들에게 위험한 조언을 무심코 던지며 아들을 영적 위기로 내몰기도 합니다.

아들이 느끼는 상태(EMOTION)

간부와 후임 사이에 낀 '샌드위치' 스트레스가 극에 달합니다. "나 때는 안 그랬는데"라는 뒤틀린 보상심리와 억울함이 수시로 올라오며 분노의 대상을 찾습니다.

지금 독이 되는 부모의 말(DON'T)

- "이제 짬 좀 찼으니 편하겠네? 부럽다!": 육체는 편할지 몰라도 관리 책임과 인간관계의 중압감은 정점입니다. 아들의 심리적 노고를 비하하는 말은 소통의 문을 닫게 만듭니다.
- "네가 너무 착해서 무시당하는 거 아냐!": 아들의 분노에 정당성을 부여하여 자칫 폭언이나 가혹행위라는 벼랑 끝으로 아들을 떠미는 치명적인 독설이 될 수 있습니다.
- "너 고생한 것 생각하면 요즘 애들은 편한 것 같아": 보상심리를 자극하여 악습의 대물림(내리갈굼)을 정당화하게 만듭니다.

지금 약이 되는 부모의 행동(DO)

- 질문의 '주어'를 바꾸십시오: "선임이 잘해 주니?" 대신 이렇게 물으십시오. "아들아, 너는 후임들에게 어떤 선임이니? 그들이 너를 보며 '나도 저런 리더가 되고 싶다'고 생각할까?"
- 현실적인 '인생 경고'를 전하십시오: "아무리 화가 나도 인격 모독은

안 된다. 한순간의 분노가 네 소중한 미래에 범죄 기록이라는 빨간 줄을 남길 수 있음을 명심해라." 단호함이 아들을 지킵니다.

· '10초의 영성' 가르치십시오: "화가 치밀 땐 말을 뱉지 말고 10초만 눈을 감고 '주님' 하며 숨을 쉬어 보렴. 그 짧은 멈춤이 너를 평생의 후회에서 구원할 거야."

지금 당장 드리는 3줄 기도

1. 만군의 여호와 하나님, 제 아들이 힘을 가졌을 때 더욱 겸손히 엎드리는 '거룩한 리더'가 되게 하소서.

2. 욱하는 성미와 뒤틀린 보상심리가 아들의 눈을 가리지 않게 하시고, 순간의 분노를 다스려 평생의 후회를 남기지 않는 지혜를 주소서.

3. 군 생활의 마무리가 누군가에게 상처를 주는 시간이 아닌, 사람을 얻고 인격을 닦는 거룩한 성숙의 시간이 되게 하소서. 예수님의 이름으로 기도합니다. 아멘.

34

상병, 내 아들이
누군가의 '선임'이 되었을 때

-|-

"너희 빛이 사람 앞에 비치게 하여 그들로 너희 착한 행실을 보고 하늘에 계신 너희 아버지께 영광을 돌리게 하라" 마태복음 5:16

아들의 어깨에 묵직한 상병 계급장이 달렸습니다. 부모는 "이제 살 만하겠구나" 안도하지만, 영적으로는 가장 예민한 분수령입니다. 인간의 본성은 약할 때 간절하지만, 힘이 생기면 군림하고 싶어 하기 때문입니다. 특히 "나 때는 안 그랬는데"라는 보상심리는 후임을 향한 날카로운 '군기 잡기'로 돌변하기 쉽습니다. 이 시기 부모는 아들의 하소연을 무조건 수용하기보다, 아들의 내면을 정직하게 비춰 주는 '영적 거울'이 되어 주어야 합니다.

상병은 군 생활의 견고한 '허리'입니다. 실무 능력은 최고조에 달하지만, 위로는 간부와 병장에게 압박받고 아래로는 서툰 후임들을 챙겨야 하는 '샌드위치' 신세이기도 합니다. 사람은 스트레스가 임계점에 도달하면 가장 약한 고리인 후임에게 화풀이하고 싶은 유혹에 빠집니다. 하지만 인격 모독이나 사적인 심부름은 리더십이 아니라 명백한 '갑질'이며, 하나님 앞에서의 영적 교만임을 일깨워 주십시오. 아들이 가진 권한을 군림이 아닌 '섬김의 도구'로 사용하도록 기도의 중심을 잡아 주어야 합니다.

부모의 실천: '보스'가 아닌 '리더'로 키우기

부모님의 질문이 바뀌면 아들의 리더십 색깔이 바뀝니다.

질문의 '주어'를 바꾸십시오

"선임이 잘해 주니?"(수동적)라는 물음을 "너는 후임들에게 어떤 선임이니?"(능동적)로 바꾸어 보십시오. 아들은 이 질문을 통해 자신이 선한 영향력을 흘려보내는 '주체적 리더'임을 자각하게 됩니다.

'올챙이 적' 기억을 부드럽게 일깨워 주십시오

아들이 후임의 실수를 험담할 때 동조하기보다 초심을 건드려 주십시오. "아들아, 너 이등병 때 실수투성이였던 너를 감싸 준 선임이 참 고마웠지? 너도 후임들에게 그런 '인생 선임'이 되어 주면 어떻겠니?"

'지갑을 여는' 리더십을 권하십시오

말로 군기를 잡는 것보다 맛있는 간식을 사 주는 것이 훨씬 강력한 권위와 감동을 만듭니다. "아들, 이번 주말에 후임들 데리고 PX 한번 가렴. 지갑을 여는 선임에게 후임은 마음의 문을 열게 된단다."

부모의 기도

하나님, 제 아들에게 '선임'이라는 귀한 권한과 힘을 주시니 감사합니다. 바라옵기는 그 힘으로 군림하는 보스가 되지 않게 하시고, 그 힘으로 연약한 동료를 세우는 따뜻한 리더가 되게 하소서.

아들의 착한 행실과 포용력 있는 리더십을 통하여, 후임들이 아들의 등 뒤에 계신 살아 계신 하나님을 보게 하소서. 세상의 가치관을 따르는 강자가 아닌, 예수님을 닮아 섬김으로 승리하는 진정한 용사가 되게 하옵소서. 예수님의 이름으로 기도합니다. 아멘.

35

선한 영향력:
'복음'을 전하기 전에 '사랑'을 전하라

✛

"외인에게 대해서는 지혜로 행하여 세월을 아끼라 너희 말을 항상 은혜 가운데서 소금으로 맛을 냄과 같이 하라 그리하면 각 사람에게 마땅히 대답할 것을 알리라" 골로새서 4:5~6

어깨를 잔뜩 움츠린 이등병 후임의 뒷모습에서 아들은 자신의 지난 모습을 발견합니다. 안타까운 마음에 당장이라도 복음을 전하고 싶겠지만, 이때 필요한 것은 전도 열정보다 분별력 있는 '영적 지혜'입니다. 엄격한 계급 사회인 군대에서 선임의 권유는 자칫 거절할 수 없는 '명령'이자 '보이지 않는 폭력'이 될 수 있기 때문입니다. 예수님이 설교 전 오병이어로 배를 채워 주셨듯, 아들 역시 복음을 입술에 담기 전 사랑을 손길에 먼저 담아야 합니다. 백 마디 훈계보다 건네는 간식 한 봉지가 후임의 마음을 여는 마스터키가 됩니다.

팩트 체크: 전도인가, 강요인가?

현대 병영 문화는 종교의 자유를 엄격히 보장합니다. 선임이 종교 행사를 강권하는 것은 명백한 군기 문란이자 인권 침해로 간주되어 징계나 신고의 대상이 될 수 있습니다. 진정한 전도는 계급으로 누르는 것이 아니라, 압도적인 섬김으로 감동시키는 것입니다. 후임이 "저 선임은 왜 나에게 이렇게까지 잘해 줄까?"라는 의문을 품기 시작할 때, 비로소 복음이 스며들 틈이 생깁니다.

부모의 실천: 지혜로운 멘토링 가이드

행동하는 사랑으로 전도하십시오

"아들아, 후임 앉혀 놓고 설교하기보다 주말에 PX 데려가서 맛있는 것부터 사주렴. 그것이 진짜 예수님의 사랑을 보여 주는 거란다."

'명령'이 아닌 '인격적 초청'을 하십시오

충분한 유대가 쌓였을 때만 선택권을 존중하며 제안하게 하십시오. "이번 주 교회 가 보려는데 너도 생각 있으면 같이 갈래? 안 가도 전혀 상관없으니 부담 갖지 마." 거절할 자유를 주는 것이 그리스도인의 품격입니다.

후임의 '실질적인 방패'가 되어 주십시오

"너는 그 친구에게 하나님이 보내신 축복의 통로야. 후임이 실수해 꾸중 들을 때 네가 먼저 감싸 주렴. 그 긍휼의 모습 속에서 후임은 하나님의 얼굴을 보게 될 거야."

부모의 기도

하나님, 제 아들이 말로만 사랑을 외치는 종교인이 아니라 삶으로 증명하는 진짜 그리스도인이 되게 하소서. 열정만 앞서 무례하게 행하지 않게 하시고, 따뜻한 섬김과 세밀한 배려로 후임들의 얼어붙은 마음을 녹이는 그리스도의 향기가 되게 하소서. 아들의 작은 친절이 누군가에게는 하나님을 만나는 통로가 되게 하시고, 그 섬김을 통해 아들 또한 예수님의 마음을 깊이 배우게 하옵소서. 아들의 작은 섬김이 주님의 사랑을 드러내는 살아 있는 편지가 되게 하소서. 예수님의 이름으로 기도합니다. 아멘.

36

분노 조절:
한순간의 폭발은 범죄가 될 수 있습니다

✛

"노하기를 더디하는 자는 용사보다 낫고 자기의 마음을 다스리는 자는 성을 빼앗는 자보다 나으니라" 잠언 16:32

후임을 둔 상·병장기, 몸은 과거보다 편해졌을지 모르나 마음은 '샌드위치 스트레스'로 타들어 갑니다. 후임에 대한 아들의 분노 밑바닥에는 '내가 선임이니 내 마음대로 통제할 수 있다'는 위험한 착각이 깔려 있을 수 있습니다. 지금 아들에게 필요한 것은 무조건적인 감정적 동조가 아니라, 자신의 위치를 객관적으로 보게 하는 '영적 직면'입니다. 아들의 분노는 '통제하고 싶은 욕구'가 '사적 제재를 금지하는 법적 현실'과 충돌하며 발생하는 불협화음입니다. 이 찰나의 폭발이 아들의 소중한 미래를 삼키지 않도록 부모가 명확한 경계선을 그어 주어야 합니다.

팩트 체크: 병사는 명령권자가 아닌 '전우'입니다

병영생활 행동강령

국방부 훈령에 따르면 병영 내에서 명령과 지시 간섭을 할 수 있는 권한은 지휘관과 분대장에게만 있습니다. 일반 병사끼리는 선후임 관계라 할지라도 서로 돕는 전우일 뿐 명령하고 복종하는 관계가 아닙니다.

그것은 군기가 아니라 가혹행위입니다

아들은 군기를 잡는다고 생각하겠지만 군법은 그것을 강요죄나 모욕죄로 봅니다. 후임이 말을 안 듣는다고 얼차려를 주거나 폭언을 하는 순간 아들은 리더가 아니라 범죄 가해자가 됩니다.

부모의 실천: 분노의 프레임 바꾸기

아들의 억울함을 충분히 공감해 주되, 인생을 건 도박을 하지 않도록 법적 가이드라인을 그어 주십시오.

권한의 한계를 명확히 확인시키십시오

아들이 후임 때문에 힘들다고 호소할 때 이렇게 물으십시오. "아들아,

네 마음이 정말 답답하겠구나. 그런데 혹시 현재 네 보직이 '분대장'이니? 아니라면 너에겐 후임을 통제할 법적 권한이 없단다. 상대가 네 뜻대로 움직이지 않는 것은 하극상이 아니라 개인 간의 갈등일 뿐이야. 권한 없는 일에 네 소중한 인생을 걸고 화를 내지 마라."

'보고'가 진정한 지혜임을 가르치십시오

"후임이 규정을 어겨 부대 질서를 해친다면, 네가 직접 손대지 말고 시스템(간부)을 통해 해결하렴. 그것은 고자질이 아니라 네 자신을 보호하며 문제를 해결하는 가장 성숙한 군인의 자세란다."

10초의 쉼을 제안하십시오

"손이 올라갈 것 같거나 거친 말이 나오려 할 때, 딱 10초만 하나님을 불러 보렴. 그 찰나의 멈춤이 너를 평생의 후회와 파멸로부터 보호하는 가장 강력한 방패가 될 거야."

부모의 기도

사랑의 주님, 제 아들이 자신에게 주어지지 않은 권한을 휘두르다 죄의 유혹에 빠지지 않게 하소서. 타인을 내 뜻대로 통제하고 싶은 교만을 내려놓고, 법과 질서를 존중하는 겸손한 용사가 되게 하소서.

화가 치밀어 오를 때 성령님께서 그 손과 입술을 파수꾼처럼 지켜 주사, 평생의 후회가 될 실수를 단호히 막아 주시옵소서. 아들의 마음속에 분노 대신 긍휼을 부어 주시고, 억울한 상황 속에서도 주님의 평강을 선택하는 성숙한 리더가 되게 하옵소서. 예수님의 이름으로 기도합니다. 아멘.

37

부상과 질병:
아프면 참지 말고 당당하게 말해야 합니다

╶╂╴

"그가 상심한 자들을 고치시며 그들의 상처를 싸매시는도다" 시편
147:3

전화기 너머 아들의 수척한 목소리나 부상 소식을 접할 때 부모의 가슴
은 내려앉습니다. 당장 부대로 달려가고 싶겠지만, 이때 경계해야 할 것
은 '지나친 개입'입니다. 군대는 아들이 스스로 판단하고 책임지는 법을
배우는 곳입니다. 부모가 대신 보고하거나 부대에 항의하는 방식은 아들
을 '군 유치원'의 아이로 만들 뿐입니다. 이제 아픔을 대하는 관점을 바꾸
십시오. 부모는 시스템을 정확히 '숙지'하되, 아들이 스스로를 보호할 수
있도록 정서적 방패막이가 되어 주는 데 집중해야 합니다.

시스템 인지: 아들이 스스로 활용해야 할 의료 단계

부모는 아들이 상담을 요청할 때 객관적인 조언을 해 줄 수 있도록 군 의료 체계를 이해하고 있어야 합니다.

군의관, 아들이 가장 먼저 신뢰해야 할 전문가

아들의 첫 번째 의료 파트너입니다. 증상을 정확히 설명하여 진료 및 훈련 열외 등의 권한을 적절히 활용하도록 독려하십시오.

치료의 단계별 주체성

- 부대 의무대: 가벼운 질환은 스스로 의무대를 찾아가 처방받는 습관을 들여야 합니다.
- 사단 및 국군병원: 정밀 검사가 필요할 때 거치는 절차입니다. 군의관의 소견을 경청하고 행정적 절차를 따르는 법을 배우는 과정입니다.
- 민간 병원(병가): 군 내 치료가 어렵다면 아들이 지휘관에게 정중히 '청원 휴가'를 건의할 수 있습니다. 부모는 아들의 판단을 믿고 인내하며 기다려 주십시오.

부모의 실천: 개입이 아닌 '격려'의 기술

자가 보고의 책임을 가르치십시오

"아들아, 몸에 이상이 있으면 네가 직접 소대장님께 보고해야 해. 아픔을 숨기지 않고 제때 알리는 것도 군인의 중요한 자기관리란다."

통증의 양상을 구체적으로 표현하게 하십시오

"군의관님께 '언제부터, 어디가, 어떻게' 아픈지 구체적으로 말씀드리렴. 네 건강을 가장 잘 아는 사람은 너 자신임을 잊지 마라."

필요시 외부 진료를 지혜롭게 제안하십시오

"차도가 없으면 지휘관님께 말씀드리고 휴가를 써서 밖에서 진료받자. 건강이 최우선이니 주저하지 말고 상의하렴. 엄마와 아빠가 네 판단을 지지할게."

부모의 기도

치료의 주권자이신 하나님, 제 아들이 자신의 몸을 하나님의 성전으로 소중히 여기며 관리하는 지혜를 갖게 하소서. 고된 복무 중에도 강건함을 잃지 않게 하시고, 혹여 몸에 이상이 생겼을 때 주저하지 않고 당당하게 도움을 구할 수 있는 용기를 주소서.

부모인 제가 아들을 향한 지나친 염려로 아들의 자립을 방해하지 않게 하시고, 오직 주님께 아들을 온전히 맡겨 드리는 믿음의 부모가 되게 하소서. 아들이 군 의료 시스템 안에서 적절한 치료를 받으며 인내와 성숙을 배우게 하시고, 건강한 모습으로 모든 복무 여정을 완주하게 하옵소서. 예수님의 이름으로 기도합니다. 아멘.

38

"만군의 여호와께서 승리로 이끄셨다"
(감사와 나눔)

-|-

"이는 여호와께서 행하신것이요 우리 눈에 기이한바로다" 시편
118:23

아들이 군 생활의 7부 능선을 넘어섰습니다. 훈련소에서의 눈물 섞인
편지와 이등병 시절의 팽팽한 긴장은 어느덧 아득한 추억이 되었고, 이제
아들은 부대의 중심을 잡는 든든한 주역으로 성장했습니다.

하지만 이때 우리는 조심해야 합니다. '아들의 적응력이 좋아서', 혹은
'부모가 기도를 열심히 해서' 무사히 버텼다는 착각의 늪에 빠지기 쉽기
때문입니다. 결코 그렇지 않습니다. 아찔한 위기와 은밀한 유혹의 순간
마다, 보이지 않는 주님의 손이 아들을 붙들고 계셨음을 기억하십시오.
지금은 안도의 한숨을 내쉴 때가 아니라, 여기까지 도우신 하나님께 감사
의 돌을 쌓으며 모든 영광을 제자리로 돌려 드려야 할 때입니다.

영적 체크: '에벤에셀'의 하나님을 기억하십시오

- 승리의 주권자: 군 생활의 무사고는 당연한 결과가 아니라 하나님의 세밀한 간섭하심과 보호하심의 산물입니다.
- 감사의 유효기간: 안도는 금세 망각으로 이어집니다. 응답받은 기도의 제목들을 다시 꺼내 보며, 하나님이 일하신 구체적인 흔적들을 복기(復記)하는 시간이 필요합니다.

부모의 실천: 감사를 기록하고 선포하기

자랑의 주어를 하나님으로 바꿀 때, 그 감사는 영원한 간증이 됩니다.

'칭찬의 주어'를 바꾸십시오

아들의 노고를 충분히 인정해 주되, 근원적인 감사를 잊지 마십시오. "아들아, 네가 잘 견뎌 주어 대견하다. 하지만 그 고비마다 하나님이 너를 붙들어 주셨음을 우리 같이 기억하자."

'요청' 기도를 '완료형' 감사 기도로 전환하십시오

지금까지 "도와주세요"라고 간구했다면, 이제는 "지켜 주셨습니다"라고 선포하십시오. 이미 이루어진 은혜를 고백하는 기도는 아들의 남은 복무

군복 위에 기도를 입히다

기간을 지탱하는 가장 강력한 확신이 됩니다.

자랑 대신 '하나님의 일하심'을 나누십시오

주변에 아들의 계급이나 편한 보직을 자랑하기보다 하나님의 신실하심을 나누십시오. "하나님이 우리 아들을 광야에서 이렇게 빚어 가고 계시네요." 부모의 겸손한 나눔은 다른 장병 부모들에게도 소망의 씨앗이 됩니다.

부모의 기도

여기까지 인도하신 에벤에셀의 하나님, 그 크신 은혜에 감사와 찬양을 드립니다. 아들의 훈련소 시절부터 상병의 자리에 이르기까지, 단 한 순간도 주님의 눈동자에서 벗어난 적이 없었음을 고백합니다. 아들이 인내하며 성장한 것도, 가정이 평안을 지킬 수 있었던 것도 제가 한 것이 아니요 오직 주님이 하신 일입니다. 저희 가정의 자랑을 십자가 뒤에 감추어 주시고, 오직 만군의 여호와께서 승리로 이끄셨음을 온 세상에 선포하게 하소서. 전역하는 그날까지, 그리고 그 이후의 삶 속에서도 오직 주님만이 우리 아들의 진정한 통치자 되어 주시옵소서. 예수님의 이름으로 기도합니다. 아멘.

6부

귀환

믿음의 동역자로 다시 서다
(전역)

영적 과제: 미래에 대한 불안을
새로운 세상을 향한 파송으로 바꾸기

아들이 마침내 전역의 고지를 밟았습니다. 험난한 복무를 무사히 마친 안도감도 잠시, 부모의 마음에는 '복학은? 취업은?'이라는 새로운 '맞이하는 불안'이 스며듭니다. 아들이 군복을 벗기도 전에 다음 계획을 재촉한다면, 아들은 집을 안식처가 아닌 '또 다른 형태의 생활관'으로 느끼게 됩니다. 지금 아들에게 필요한 것은 압박이 아닌 온전한 '환대'입니다. 이제 부모는 아들을 통제하는 자리에서 기쁘게 물러나, 그의 삶을 응원하고 중보하는 '영적 동역자'의 자리로 옮겨 가야 합니다. 광야를 거쳐 온 아들이 이제 스스로 약속의 땅을 일궈갈 수 있도록, 신뢰라는 토양을 먼저 주십시오.

지금 부모의 상태(FACT)

군 생활에 대한 걱정이 사회 진로에 대한 불안으로 즉각 치환됩니다. 여전히 아들을 물가에 내놓은 아이처럼 보며 일일이 간섭하려는 유혹에 빠집니다.

아들이 느끼는 상태(EMOTION)

부모만큼이나 미래가 막막하지만, 동시에 군 생활의 통제에서 벗어난 '자유'와 '존중'을 갈망합니다. 부모의 질문을 관심이 아닌 비난으로 오해하기 쉬운 시기입니다.

지금 독이 되는 부모의 말(DON'T)

- "이제 뭐 할 거니? 계획은 세웠어?": 전역한 아들이 가장 듣기 싫어하는 말 1위입니다. 숨 쉴 틈 없는 압박은 아들을 마음의 방으로 숨게 만듭니다.
- "군대 다녀왔는데 일찍 좀 일어나라": 성인이 되어 돌아온 아들을 다시 아이 취급하는 것입니다. 습관에 대한 지적보다 존재에 대한 인정을 먼저 표현하십시오.
- "아빠 때는 말이야, 사회가 더 힘들어": 위협적인 조언보다는 그간의 노고에 대한 따뜻한 공감이 필요합니다.

지금 약이 되는 부모의 행동(DO)

질문 대신 '가족 축복식'을 준비하십시오

미래를 캐묻기 전에, 18개월 이상의 긴 여정을 버티고 돌아온 아들을 위해 공식적인 파티를 여십시오. 안전한 귀환을 온 가족이 축하할 때 아들은 비로소 사회로 나갈 자존감을 회복합니다.

'무엇(What)' 대신 '어떻게(How)' 물어 주십시오

"아들아, 복무하는 동안 어떤 점이 제일 힘들었니? 그 시간들을 너는 어떻게 견뎌 냈어?" 결과가 아닌 '과정'과 '성장'을 물어 줄 때 아들은 비로소 마음의 빗장을 엽니다.

'감독관'이 아닌 '중보자'임을 선포하십시오

"네가 세워 갈 계획 속에 엄마가 어떻게 도와주면 좋겠니? 우리는 이제 너의 가장 든든한 첫 번째 기도 동역자가 되고 싶단다." 이 한마디가 아들의 앞길을 여는 파송사가 됩니다.

지금 당장 드리는 3줄 기도

1. 신실하신 하나님, 아들의 군 생활을 세밀하게 인도하셨듯 그 앞에 놓인 미래 또한 가장 선한 길로 예비하실 줄 믿습니다.
2. 제 아들을 향한 주님의 계획이 재앙이 아닌 평안임을 신뢰하며, 부모 된 제가 인간적인 조급함으로 아들을 재촉하거나 불안하게 하지 않게 하소서.
3. 이제는 통제하는 부모가 아닌 든든한 영적 동역자로 서서, 아들의 새로운 출발을 묵묵히 응원하며 기도로 파송하게 하소서. 예수님의 이름으로 기도합니다. 아멘.

군복 위에 기도를 입히다

39

전역을 앞둔 시점,
'돌아올 아들'을 맞이하는 부모의 기도

✝

"너희를 향한 나의 생각을 내가 아나니 평안이요 재앙이 아니니라

너희에게 미래와 희망을 주는 것이니라" 예레미야 29:11

아들의 전역일 계산기가 어느덧 두 자리 숫자로 줄어들었습니다. 까마득했던 인고의 시간 끝이 보이며 안도의 한숨이 나오지만, 동시에 마음 한구석엔 묵직한 중압감이 가라앉습니다. '보내는 불안'이 사라진 자리에 복학, 취업, 진로라는 '맞이하는 불안'이 스며들기 때문입니다. 하지만 기억하십시오. 아들을 광야 같은 군대에서 지키신 하나님은 사회라는 실전 무대에서도 여전히 아들의 보호자이십니다. 지금 필요한 것은 닥치지 않은 미래에 대한 걱정이 아니라, 새로운 세상으로 아들을 파송하는 기도의 준비입니다.

팩트 체크: 전역을 앞둔 병사의 내면 풍경

사회로의 귀환을 앞둔 아들의 머릿속은 부모님보다 수십 배 더 복잡합니다. 겉으로는 해방감을 노래하지만, 속으로는 뒤처졌다는 조바심과 막막함에 시달립니다. 이때 부모가 던지는 "나와서 뭐 할 거니?"라는 질문은 관심이 아닌 '압박'과 '불신'으로 다가갑니다. 지금 아들에게 필요한 것은 촘촘한 계획표에 대한 재촉이 아니라, 자신의 존재 자체를 기쁨으로 맞아 줄 따뜻한 환대입니다.

부모의 실천: 기도의 방향키 돌리기

이제 부모의 기도는 '무사 전역'을 넘어 아들의 '비전'을 향한 새로운 문장이 되어야 합니다.

기도 제목의 지평을 넓히십시오

부대 내 안전을 구하던 기도를 이제 '만남'과 '진로'를 위한 기도로 전환하십시오. "하나님, 아들이 나가는 세상의 문을 열어 주시고, 그 걸음마다 선한 영향력을 주고받을 동역자들을 붙여 주소서."

질문 대신 '환대의 언어'를 전하십시오

아들과 대화할 때 "복학 준비는 됐니?"라고 묻지 마십시오. 대신 이렇게 말해 주십시오. "아들아, 네가 돌아오면 우리 집이 비로소 꽉 찰 것 같아. 네가 올 날을 생각하면 엄마는 너무 설레고 기쁘단다."

'공간'을 정리하며 기도로 예비하십시오

아들의 책상을 닦고 옷장을 정리하며 축복하십시오. "이 방이 아들의 새로운 꿈으로 채워지게 하소서. 이곳이 세상을 향해 나갈 새 힘을 얻는 영적 베이스캠프가 되게 하소서."

부모의 기도

신실하신 하나님, 아들의 군 생활을 세밀하게 인도하셨듯 아들의 미래 또한 가장 선한 길로 예비하실 줄 믿습니다. 제 아들을 향한 하나님의 계획이 재앙이 아닌 평안이요, 희망임을 믿음으로 선포합니다.

부모 된 제가 인간적인 불안으로 아들을 재촉하거나 판단하지 않게 하시고, 주님이 주시는 평강으로 아들을 기쁘게 맞이하게 하소서. 전역하는 그날까지, 그리고 그 이후의 삶까지 아들의 주권을 주님의 손에 온전히 맡겨 드립니다. 아들의 새로운 시작 위에 주님의 은혜를 덧입혀 주옵소서. 예수님의 이름으로 기도합니다. 아멘.

40

전역 전 준비 기간 점검표
(신앙·생활·진로)

"사람이 마음으로 자기의 길을 계획할지라도 그의 걸음 을 인도하시는 이는 여호와시니라" 잠언 16:9

전역 시계가 두 자릿수로 줄어들면 몸은 편해지지만 심리적 혼란은 가중됩니다. 미래에 대한 막연한 두려움에 사로잡힌 아들에게 부모의 "계획이 뭐니?"라는 질문은 불안에 기름을 붓는 격입니다. 지금은 아들을 다그칠 때가 아니라, 사회 복귀를 돕는 지혜로운 '영적 조력자'가 되어야 할 때입니다. 막연한 두려움을 구체적인 청사진으로 바꾸어 줄 때, 아들의 불안은 비로소 새로운 시작을 향한 설렘으로 변합니다.

압박을 주기보다 가벼운 대화의 주제로 아들의 마음을 열어 주십시오.

1. 신앙 점검: 영적 본진으로 돌아갈 채비

- 군 복무 '영적 결산'하기: "아들아, 지난 시간 하나님과 가장 가까웠던 순간이 언제였니?" 광야에서 만난 하나님에 대한 기억은 평생의 영적 자산이 됩니다.
- 영적 멘토와 '아름다운 작별'하기: "너를 위해 기도해 주신 군 목사님께 감사를 전하렴." 감사의 인사는 신앙 성숙의 가장 분명한 증거입니다.
- 본 교회 청년부와 '가교' 놓기: 군 교회의 뜨거운 열기에 익숙한 아들이 본 교회의 분위기에 당황하지 않도록 부모님이 미리 청년부와 소통하여 따뜻한 정착을 도와주십시오.

2. 생활 점검: 몸과 영혼의 '안식' 허락하기

- '스타일과 건강'의 자율권 주기: 병원 예약이나 스타일 변신 등 아들이 민간인으로서 자신을 가꾸고 싶어 할 때 필요한 정보와 비용을 기쁘게 후원하십시오.
- 무너진 '리듬'을 비난하지 않기: "한 달 정도는 늦잠도 자고 친구도 마음껏 만나며 긴장을 풀어도 괜찮아." 집에서 군대식 규칙을 강요하지

않는 것이 최고의 환대입니다.

- '안전한 안식처' 예비하기: 아들의 책상을 닦고 낡은 침구를 교체하며, 이곳이 언제든 돌아와 쉴 수 있는 기지임을 행동으로 보여 주십시오.

3. 진로 점검: 현실적인 첫걸음의 용기

- '군 적금' 사용 계획 세우기: "네가 땀 흘려 모은 적금을 어떻게 가치 있게 쓸지 행복한 고민을 해 보렴." 주도적인 경제 활동의 첫걸음을 응원하십시오.
- 부모가 먼저 '속도' 늦추기: "나오자마자 성과를 내려고 애쓰지 마라. 충분히 쉬면서 적응해도 늦지 않단다." 부모가 주는 여유가 아들을 더 멀리 뛰게 합니다.

부모의 기도

길을 만드시는 하나님, 이제 아들이 정든 부대를 떠나 세상이라는 넓은 바다로 나갈 채비를 합니다. 보이지 않는 미래에 대한 두려움과 막막함이 아들의 앞길을 가로막지 않게 하시고, 사람의 치밀한 계획보다 하나님의 세밀한 인도하심을 더 깊이 신뢰하는 아들이 되게 하소서.

군 생활이라는 연단 학교에서 배운 인내와 성실함이 사회의 현장에서도 빛을 발하게 하시고, 아들의 모든 걸음걸음이 주님의 뜻 안에서 견고하게 세워지게 하소서. 부모인 저 또한 조급함으로 아들을 재촉하지 않

군복 위에 기도를 입히다

게 하시고, 묵묵히 기도로 뒷받침하며 하나님의 일하심을 함께 지켜보는 믿음의 동역자가 되게 하옵소서. 우리의 참된 길과 진리 되시는 예수님의 이름으로 기도합니다. 아멘.

41

가족 축복식 설계:
"아들아, 고생 많았다. 사랑한다"

-|-

"무엇보다도 뜨겁게 서로 사랑할지니 사랑은 허다한 죄를 덮느니라" 베드로전서 4:8

현관문을 열고 들어오는 아들은 늠름해졌지만, 가정에 따라서는 묘한 어색함이 흐르기도 합니다. 입대 전의 해묵은 갈등과 상처가 슬며시 고개를 들기 때문입니다. 만약 아들과의 관계가 원만하지 않았다면, 오늘 이 '가족 축복식'을 절대 놓치지 마십시오. 이 시간은 무사 귀환을 축하하는 파티인 동시에, 과거의 아픔을 군 복무라는 강물에 떠나보내는 '회복의 예식'이자, 성인이 된 아들을 맞이하는 '영적 성인식'이 되어야 합니다. 부모님이 먼저 내미는 화해와 존중의 손길이 아들의 닫힌 마음을 여는 마스터키가 될 것입니다.

거창한 준비보다 부모님의 '진실한 언어'가 핵심입니다. 전역 당일 혹은 첫 주말 식탁에서 진행해 보십시오.

1단계 온 마음으로 환영하기

박수와 함께 노고를 인정합니다. "건강하게 돌아와 줘서 정말 고맙다. 엄마는 네가 진심으로 자랑스럽구나."

2단계 '영적 리셋' 선언하기

부모가 먼저 사과하며 과거를 풉니다. "입대 전 너를 깊이 이해하지 못해 상처 줬던 말들을 잊어 주렴. 이제 너를 독립된 성인으로 존중하마."

3단계 안수와 축복 기도

머리나 어깨에 손을 얹고 기도하십시오. "이전 것은 지나갔으니 보라 새것이 되었도다. 우리 가정이 그리스도의 사랑으로 하나 되게 하소서."

4단계 사랑의 증표 전달하기

전역 선물이나 '복무 기간 말씀 여정' 노트를 건넵니다. "이것은 너를 광야에 보내고 매일 써 내려간 기도의 기록이란다."

5단계 경청과 포옹하기

대답을 강요하지 말고 마음을 읽어 주십시오. "건강하게 돌아온 것만으로도 충분하다." 하며 따뜻하게 안아 주십시오.

부모의 기도

화평의 왕이신 하나님, 아들이 다시 가정의 품으로 돌아왔습니다. 이 귀환이 단순히 몸만 돌아오는 자리가 아니라, 서로의 마음이 다시 연결되는 기적의 자리가 되게 하소서. 혹여 우리 사이에 오랫동안 막혀 있던 담이 있다면 이 축복식을 통해 완전히 허물어지게 하시고, 이제는 서로에게 상처를 주는 관계가 아니라 서로를 세워 주는 든든한 믿음의 동역자가 되게 하소서. 아들의 삶 속에 군에서 배운 인내의 열매가 맺히게 하시고, 우리 가정이 세상 속으로 다시 파송 받는 아들에게 가장 안전하고 따뜻한 영적 기지가 되게 하소서. 우리를 화목하게 하신 예수님의 이름으로 기도합니다. 아멘.

42

'다 컸네' vs '우리 아들'
(돌아온 자녀와의 건강한 거리 조절)

┼

"마땅히 행할 길을 아이에게 가르치라 그리하면 늙어도 그것을 떠나지 아니하리라" 잠언 22:6

아들이 돌아온 집안의 축제 분위기는 안타깝게도 그리 길지 않습니다. 해가 중천에 뜨도록 자는 아들의 등짝이 거슬리기 시작하고, 밤새 켜진 모니터 불빛에 부모의 속은 다시 뒤집히곤 합니다. 하지만 부모님, 이제는 인정해야 합니다. 돌아온 아들은 입대 전의 그 철부지 소년이 아닙니다. 국가의 명령을 수행하고 누군가의 생명을 책임졌던 당당한 '용사'입니다. 그런 아들을 다시 '통제받는 아이'로 취급하는 순간, 집은 안식처가 아닌 '제2의 생활관'이 될 뿐입니다. 지금 아들에게 필요한 것은 훈육이 아니라, 성인 대 성인으로서의 '건강한 거리 두기'입니다.

아들은 현재 해방감과 미래에 대한 불안이 공존하는 재적응 스트레스 상태에 있습니다. 성인이 된 자녀와 부모 사이에는 보이지 않는 '경계선'이 필요합니다. 내 품 안의 자식이 아니라, '한 집에 거주하는 귀한 손님'처럼 대할 때 관계의 선순환이 시작됩니다.

부모의 실천: 존중의 언어로 바꾸기

[□] 지시 대신 '제안'의 화법을 쓰십시오

(×) "일찍 좀 일어나라! 밥 차려놨으니까 빨리 나와서 먹어!"(강압적 지시)

(○) "아들아, 벌써 점심때가 다 되었네. 슬슬 일어나서 같이 식사하면 좋겠다."(인격적 제안)

일과와 식사에 대한 최종 선택권을 아들에게 넘겨주십시오.

[□] '자율권 보호 기간' 선포하십시오

아들에게 공식적으로 안식의 시간을 허락하십시오. "아들아, 일정 기간 동안은 네 생활에 대해 어떤 간섭도 하지 않으마. 실컷 자고 마음껏 쉬렴. 그동안 고생한 네 자신에게 주는 보상이라고 생각하렴. 대신 그 기간이

지난 뒤에는 네가 생각하는 계획을 편하게 들려주면 좋겠구나." 믿고 기다려 줄 때 아들은 스스로 움직일 에너지를 비축합니다.

[□] 공간과 사생활의 문턱 지켜 주십시오

아들의 방문을 예고 없이 벌컥벌컥 열지 마십시오. 반드시 노크하고 잠시 기다려 주십시오. 아들의 프라이버시를 독립적인 영역으로 지켜 주는 것이, 그를 성인으로 대접한다는 가장 강력한 신호입니다.

부모의 기도

사람의 마음을 만지시는 하나님, 제 눈에는 여전히 물가에 내놓은 어린 아이 같지만, 이제 아들이 스스로 인생의 무게를 짊어질 성인이 되었음을 정직하게 인정하게 하소서. 자녀를 소유하려는 욕심과 인간적인 조급함이 아들의 진정한 쉼을 방해하지 않게 하시고, 따끔한 잔소리보다 묵묵히 기다려 주는 인내의 사랑을 제게 부어 주소서. 아들이 가정이라는 안전한 기지에서 충분한 영적 재충전을 경험하게 하시고, 주님이 예비하신 다음 무대를 향해 담대히 나아갈 힘을 얻게 하옵소서. 우리 부모 자녀의 관계가 지시와 복종을 넘어, 그리스도 안에서 서로를 격려하고 세워 주는 참된 믿음의 동역자 관계가 되게 하옵소서. 예수님의 이름으로 기도합니다. 아멘.

43

재적응 대화법:
속도가 아니라 방향이 중요합니다

"하나님이 모든 것을 지으시되 때를 따라 아름답게 하셨고 또 사람
들에게는 영원을 사모하는 마음을 주셨느니라" 전도서 3:11

전역만 하면 곧바로 자기관리에 돌입하여 학업이나 취업 준비에 매진
할 줄 알았던 아들이, 배낭을 메고 여행을 떠나거나 온종일 영상 콘텐츠
만 보고 있지는 않습니까? 부모의 마음은 조급해지지만, 아들을 그 조급
함의 틀에 가두지 마십시오. 이는 나태함이 아니라, 극도로 통제된 환경
에서 사회로 복귀할 때 반드시 겪어야 하는 '마음의 압력을 낮추는 필수
적인 과정'입니다. 자기만의 속도를 발견하며 '영적으로 다시 달리기 위
해 시동을 거는 예비 시간'을 충분히 갖는 아들이 결국 더 멀리, 더 바르게
나아가는 법입니다.

최근 전역 청년들은 '칼복학'이나 '즉시 취업' 대신 자신만의 '전환기 탐색기간(갭이어)'을 선택하는 경향이 뚜렷합니다.

- 경제적 주체성: 부모에게 의존하던 수동적인 태도를 벗어나, 아르바이트를 통해 스스로 미래 자금을 마련하며 성인으로서의 책임감을 연습합니다.
- 마음의 숨 고르기: 군대라는 폐쇄적 공간에서의 결핍을 여행으로 보상받으며, 경직된 사고를 유연하게 바꾸고 사회성을 회복합니다.
- 자율적 탐색: 학업이나 취업이라는 정해진 길 외에 자신이 진정으로 몰입할 수 있는 분야를 탐색하며, '해야 하는 일'이 아닌 '하고 싶은 일'을 찾는 에너지를 축적합니다.

부모의 실천: 통제가 아닌 응원

아들의 행보를 '방황'이 아닌 '성장을 위한 멈춤'으로 인정해 주십시오.

아르바이트를 시작할 때(존중의 박수)

(×) "공부할 시간도 부족한데 그 푼돈 벌어서 뭐 하니?"

(○) "스스로 길을 찾아보려는 네 노력이 대단하구나. 사회를 미리 경험

해 보는 것도 큰 공부지. 엄마는 네 자립심을 응원해.”

여행을 떠날 때(정서적 지원)

(×) “남들은 벌써 자격증 준비하는데 너만 놀러 다녀도 되겠니?”
(○) “나라 지키느라 고생 많았다. 실컷 보고 즐기며 하나님이 만드신 넓은 세상을 가슴에 가득 담아 오렴. 여행 경비를 조금 보태 주고 싶구나.”

아무것도 하지 않고 쉴 때(인내의 기다림)

“지금은 네 인생의 에너지를 재충전하는 ‘예열 시간’이지? 충분히 쉬고 네가 다시 달릴 준비가 되었을 때 언제든 말해다오. 엄마는 너의 때를 믿고 기다릴게.”

부모의 기도

하나님, 제 안의 조급함과 욕심으로 아들을 닦달하며 상처 주지 않게 하소서. 아들이 아르바이트를 하든, 여행을 떠나든, 혹은 고요한 쉼의 시간을 갖든 그 모든 과정이 헛되지 않고 인생의 귀한 자양분이 될 줄 믿습니다.

남들과 속도를 비교하며 불안해하기보다, 하나님이 아들 각자에게 주신 고유한 삶의 방향과 속도를 존중하는 성숙한 부모가 되게 하소서. 아들이 이 예열의 시간을 통해 자신의 소명을 발견하게 하시고, 주님이 예비하신 길을 향해 담대히 발걸음을 내딛게 하옵소서. 모든 시간의 주인이신 예수님의 이름으로 기도합니다. 아멘.

43.5.

[아버지를 위한 나침반]
아버지와의 재연결: 어색함을 넘어 '영적 동역'으로

✝

"네 자녀에게 부지런히 가르치며 집에 앉았을 때에든지 길을 갈 때에든지 누워 있을 때에든지 일어날 때에든지 이 말씀을 강론할 것이며" 신명기 6:7

전역한 아들이 어머니와는 웃음꽃을 피우다가도, 아버지가 들어오면 짧은 인사 후 방으로 들어가 버립니다. 아버지는 섭섭함이 밀려오지만, 사랑을 표현하는 법을 배운 적이 없기에 고작 "복학 준비는 잘되냐?" 같은 현실적인 질문만 던집니다. 아들에게 그 말은 관심이 아닌 '숨 막히는 압박'입니다. 아들은 아버지가 무서운 것이 아니라 '어려운' 것입니다. 지금 아들에게 필요한 것은 날카로운 훈계가 아니라, 한 인간으로서의 '깊은 인정'입니다.

마음 읽기: 아들이 기다리는 진짜 어른의 모습

아들은 군대라는 정글에서 강압적인 권위와 실리적인 관계들을 수없이 경험했습니다. 그 거친 세상에서 돌아온 아들에게 아버지는 '세상과는 다른 어른'의 모습을 보여 주어야 합니다. "나 때는 말이야"로 시작하는 무용담이 아니라, "네가 참 수고했다"는 현재의 위로가 아들의 굳게 닫힌 마음을 여는 열쇠입니다.

아버지의 실천: '가르치는 자'에서 '함께 걷는 자'로

1단계: 훈계 멈추고 지켜봐 주기

아들의 게으름을 잠시 모른 척하십시오. 침묵으로 지켜봐 주는 것이 아버지의 무게감입니다. "그래, 푹 쉬어라. 충전이 필요하겠지."

2단계: 자신의 약함을 보이며 기도 부탁하기

아들에게 자신의 약함을 보이십시오. "아들, 사실 아빠도 회사 일로 좀 힘들다. 네가 아빠를 위해 기도해 줄 수 있겠니?"

3단계: 인생의 든든한 후원자임을 선포하기

아버지가 아들의 '제1 후원자'임을 선언하십시오. "아빠가 네 복무 내내 기도했단다. 이제 네 미래를 위해서도 가장 든든한 기도 동역자가 되어 줄게."

아버지의 기도

하나님, 아들 앞에서 늘 강한 척하고 정답만 말하려 했던 저의 교만을 내려놓습니다. 권위라는 딱딱한 갑옷을 벗고, 예수님의 마음을 닮은 사랑의 옷을 입게 하소서.

이제는 아들을 가르치고 통제하려는 감독관의 자리에서 기쁘게 내려와, 아들의 인생을 기도로 돕고 뒤에서 묵묵히 응원하는 든든한 후원자가 되게 하소서. 아들이 저를 보며 하나님 아버지의 따뜻한 성품을 경험하게 하시고, 저희 부자가 믿음 안에서 서로의 어깨를 나란히 하는 거룩한 영적 동역자가 되게 하옵소서. 우리 가정을 평화의 항구로 삼으신 예수님의 이름으로 기도합니다. 아멘.

44

가정예배
재정비 가이드

✝

"오직 나와 내 집은 여호와를 섬기겠노라" 여호수아 24:15

    전역한 아들이 돌아와 고요했던 집안에 다시 온기가 돕니다. 이제 부모님에겐 고귀한 마지막 숙제가 남았습니다. 군 생활 동안 각자의 처소에서 대면했던 하나님을 하나의 영적 서사로 모으는 '가정예배의 회복'입니다. 이때 주의할 점은 성인이 된 아들을 앉혀 놓고 일방적으로 훈계하지 않는 것입니다. 아들은 이제 부모의 신앙을 답습하던 아이가 아니라, 광야를 통과하며 자신만의 하나님을 만난 '영적 성인'입니다. 이제 우리 가정은 수직적 훈육을 넘어, 하나님 앞에 나란히 선 '수평적 믿음의 동역자'가 되어야 합니다.

팩트 체크: 가정예배의 골든타임

통계적으로 전역 직후는 청년들의 신앙이 가장 크게 흔들리는 위기의 때인 동시에, 가장 뜨겁게 헌신할 수 있는 기회의 때이기도 합니다. 사회의 자유가 주는 달콤한 유혹에 완전히 빠져들기 전, 가정이라는 따뜻한 울타리 안에서 거룩한 영적 루틴을 다시 세워야 합니다. 이 시기를 놓치면 아들은 학업과 취업 준비를 핑계로 예배의 자리에서 영영 멀어질 수 있습니다.

부모의 실천: 성인 자녀와 드리는 새로운 가정예배

격식보다 '진심의 교제'에 집중하십시오. 15분 내외의 짧고 강렬한 만남이 좋습니다.

예배의 문턱을 낮추십시오(15분의 법칙)

길고 지루한 예배는 영적 독입니다.

(○) "아들아, 매주 주일 저녁 식사 후 딱 15분만 티타임 겸 짧게 예배드리자. 네 이야기가 궁금하구나."

'설교' 대신 '삶'을 나누십시오

아버지가 설교자로 서려 하지 마십시오. 부모가 먼저 한 주간의 실패와 은혜를 솔직하게 고백할 때 아들도 마음을 엽니다.

(○) "아빠는 이번 주 이런 어려움이 있었는데 주님이 이렇게 도와주셨단다. 우리 아들은 어땠니?"

'사회자의 권한'을 과감히 넘기십시오

부모가 독점하던 예배 인도를 아들에게도 맡겨 보십시오. 찬양 선곡이나 대표 기도를 부탁하며 아들을 예배의 주권자로 세울 때, 신앙의 주체성이 살아납니다.

부모의 기도

하나님, 우리 가정이 다시금 주님의 제단 앞에 모였습니다. 이제는 부모의 하나님을 넘어 '나의 하나님'을 고백하는 성숙한 아들과 함께, 더 깊고 풍성한 예배의 제단을 쌓기를 원합니다.

우리 가정이 세상의 거센 풍파 속에서도 흔들리지 않는 든든한 영적 베이스캠프가 되게 하소서. 서로를 가르치려 들기보다 서로의 아픔을 보듬고 기쁨을 나누는 사랑의 공동체가 되게 하시어, 이 가정예배의 온기가 아들의 평생에 꺼지지 않는 등불이 되게 하옵소서. 모든 세대의 주관자 되시는 예수님의 이름으로 기도합니다. 아멘.

부록

부모를 위한 영적 나침반 가이드

부모님, 아들을 군에 맡기고 홀로 남은 이 긴 여정을 위한 영적 도구함입니다. 본문이 길을 알려 주는 지도였다면, 이 부록은 목적지까지 흔들림 없이 인도하는 나침반입니다.

주의사항: 절대 숙제로 여기지 마십시오

- 이 영적 도구함은 '반드시 정독해야 할 학습지'가 아닙니다.
- 기도가 막히고 마음이 불안한 순간, 꺼내 쓰는 영적 상비약입니다.
- 며칠 빠뜨려도 괜찮습니다. 다시 시작하는 그날이 하나님의 새로운 은혜가 임하는 날입니다.

아들과 함께 걷는 복무기간 말씀 여정

아들이 나라를 지키는 동안, 부모는 걱정 대신 말씀을 기록합니다. 이 기록은 훗날 아들에게 줄 수 있는 가장 위대한 전역 선물이 될 것입니다.

나만의 '말씀 여정' 노트 준비

구분	기능 및 역할
말씀 기록공간	일일 목표 필사 공간
오늘의 한 구절	가장 은혜받은 말씀 요약
아들을 위한 기도	3~5줄 분량의 축복 기도
에벤에셀 기록	감사와 안부 기록

복무 시기별 말씀 여정 안내표

복무시기	기간	추천 말씀	읽을 분량	기도의 초점
1단계	적응	시편	매일 1장 내외	불안 극복과 위로
2단계	성숙	잠언, 전도서	매일 반 장 내외	지혜와 자기절제
3단계	비전	로마서, 사도행전, 서신서	3일에 2장 내외	소명과 사회복귀

 군복 위에 기도를 입히다

필사 노트 실제 예시

매일 아침 눈을 떴을 때나 아들이 잠들었을 시각, 묵상하며 다음 서식을 채워 보십시오.

[기록한 날: ___ / 완주를 향하여]

오늘의 묵상 구절

(가장 은혜받은 한 구절을 정성껏 옮겨 적으십시오)

: (예시) "여호와는 너를 지키시는 이시라 여호와께서 네 오른쪽에서 네 그늘이 되시나니" (시편 121:5)

아들을 위한 3줄 기도

(아들의 이름을 넣어 구체적인 상황을 축복하십시오)

1. (예시) 하나님, 오늘 야외 훈련 중인 우리 아들의 건강과 안전을 지켜 주소서.
2. (예시) 거친 환경 속에서도 아들의 마음이 상하지 않게 하시고, 선임들과 좋은 관계 맺게 하소서.
3. (예시) 아들이 걷는 모든 길이 주님과 동행하는 꽃길이 되게 하옵소서.

에벤에셀 기록(하나님이 하셨습니다)

: (예시) 오늘 저녁 아들에게서 밝은 목소리로 전화가 왔습니다. 좋은 동기를 만났다고 하니 이 또한 하나님의 세밀한 응답입니다. 감사합니다.

1단계: 흔들리는 믿음을 기도로 붙잡는 시간

초기 적응기 집중(입대 후 첫 30일)

시편 1~30장을 필사하십시오. 특히 시편 23편(인도), 91편(보호), 121편(지키심)을 반복하며 부모의 불안을 믿음으로 바꿉니다.

이름을 넣어 선포하는 기도

필사 후 아들의 이름을 넣어 크게 선포하십시오. "하나님이 ○○의 목자시니 ○○에게 부족함이 없으리로다!"

이 시기의 기도 초점

낯선 환경, 알 수 없는 두려움, 사무치는 외로움을 위로하시는 하나님께 집중합니다.

2단계: 권한과 유혹을 지혜로 다스리는 시간

잠언 말씀 끝까지 쓰기

잠언 31장을 필사하며 아들이 '분노'와 '권력'의 유혹을 다스리도록 기도하십시오. "노하기를 더디 하는 자는 용사보다 낫다"는 말씀을 아들의 가슴에 새깁니다.

전도서로 인생의 의미 찾기

군 생활이 단순히 버티는 시간이 아닌, 인생의 참된 의미를 찾는 소중한 시간이 되게 합니다.

이 시기의 기도 초점

휴대전화 유혹, 거친 언어 습관, 인간관계 갈등 속에서 아들이 '절제하는 삶'을 살도록 간구하십시오.

3단계: 광야를 넘어 약속의 땅으로 나가는 시간

인내와 행함의 기록(야고보서, 베드로전후서)

고난 중의 인내와 사회 복귀를 위한 행함의 지혜를 말씀으로 기록합니다.

구원의 확신 세우기(로마서)

복음의 정수인 로마서를 통해 아들이 세상으로 파송받기 전 신앙의 뿌리를 견고히 내리게 합니다.

사명과 비전 그리기(사도행전)

아들이 사회라는 새로운 사역지로 담대히 나가는 '생활 선교사'가 되길 꿈꾸며 여정을 완주합니다.

아들의 영혼을 깨우는 '말씀 카드' 30종

"주의 말씀은 내발에 등이요 내길에 빛이니이다" 시편 119:105

아들의 저녁 자유 시간, 휴대전화를 통해 밀려오는 세상의 소음(21장)을 막아 줄 '영적 백신'입니다. 매일 긴 편지를 쓰는 것이 부담스럽다면, 아들이 휴대전화를 건네받는 저녁 6시 무렵 이 30개의 말씀 중 하나를 골라 문자나 메시지로 보내 주십시오. 아들이 세상의 영상이나 오락에 마음을 빼앗기기 전, 하나님의 말씀을 먼저 대면하게 하는 것, 그것만으로도 영적 전쟁의 승기는 이미 우리에게 있습니다.

힘과 용기가 필요할 때(1~10)

1. "강하고 담대하라 두려워하지 말며 놀라지 말라 네가 어디로 가든지 네 하나님 여호와가 너와 함께 하느니라" (수 1:9)
2. "내게 능력 주시는 자 안에서 내가 모든 것을 할 수 있느니라" (빌

4:13)

3. “여호와는 나의 빛이요 나의 구원이시니 내가 누구를 두려워하리요 여호와는 내 생명의 능력이시니 내가 누구를 무서워하리요” (시 27:1)

4. “너희는 마음에 근심하지 말라 하나님을 믿으니 또 나를 믿으라” (요 14:1)

5. “오직 여호와를 앙망하는 자는 새 힘을 얻으리니 독수리가 날개치며 올라감 같을 것이요 달음박질하여도 곤비하지 아니하겠고 걸어가도 피곤하지 아니하리로다” (사 40:31)

6. “두려워하지 말라 내가 너와 함께 함이라 놀라지 말라 나는 네 하나님이 됨이라 내가 너를 굳세게 하리라 참으로 너를 도와주리라” (사 41:10)

7. “여호와께서 너를 실족하지 아니하게 하시며 너를 지키시는 이가 졸지 아니하시리로다” (시 121:3)

8. “하나님이 우리에게 주신 것은 두려워하는 마음이 아니요 오직 능력과 사랑과 절제하는 마음이니” (딤후 1:7)

9. “나의 힘이신 여호와여 내가 주를 사랑하나이다” (시 18:1)

10. “주는 나의 반석과 산성이시니 그러므로 주의 이름을 생각하셔서 나를 인도하시고 지도하소서” (시 31:3)

11. "너의 행사를 여호와께 맡기라 그리하면 네가 경영하는 것이 이루어지리라" (잠 16:3)

12. "사람이 마음으로 자기의 길을 계획할지라도 그의 걸음을 인도 하시는 이는 여호와시니라" (잠 16:9)

13. "내 사랑하는 형제들아 너희가 알지니 사람마다 듣기는 속히 하고 말하기는 더디 하며 성내기도 더디 하라" (약 1:19)

14. "노하기를 더디하는 자는 용사보다 낫고 자기의 마음을 다스리는 자는 성을 빼앗는 자보다 나으니라" (잠 16:32)

15. "유순한 대답은 분노를 쉬게 하여도 과격한 말은 노를 격동하느니라" (잠 15:1)

16. "무릇 더러운 말은 너희 입 밖에도 내지 말고 오직 덕을 세우는 데 소용되는 대로 선한 말을 하여 듣는 자들에게 은혜를 끼치게 하라" (엡 4:29)

17. "너희 말을 항상 은혜 가운데서 소금으로 맛을 냄과 같이 하라…" (골 4:6)

18. "너희가 짐을 서로 지라 그리하여 그리스도의 법을 성취하라" (갈 6:2)

19. "너희는 이 세대를 본받지 말고 오직 마음을 새롭게 함으로 변화를 받아 하나님의 선하시고 기뻐하시고 온전하신 뜻이 무엇인지 분별 하도록 하라" (롬 12:2)

20. "그런즉 너희가 먹든지 마시든지 무엇을 하든지 다 하나님의 영광

을 위하여 하라” (고전 10:31)

감사와 기도가 필요할 때(21~30)

21. “아무 것도 염려하지 말고 다만 모든 일에 기도와 간구로, 너희 구할 것을 감사함으로 하나님께 아뢰라” (빌 4:6)

22. “범사에 감사하라 이것이 그리스도 예수 안에서 너희를 향하신 하나님의 뜻이니라” (살전 5:18)

23. “너희 염려를 다 주께 맡기라 이는 그가 너희를 돌보심이라” (벧전 5:7)

24. “여호와께 감사하라 그는 선하시며 그 인자하심이 영원함이로다” (대상 16:34)

25. “수고하고 무거운 짐 진 자들아 다 내게로 오라 내가 너희를 쉬게 하리라” (마 11:28)

26. “사람이 감당할 시험 밖에는 너희가 당한 것이 없나니 오직 하나님은 미쁘사 너희가 감당하지 못할 시험 당함을 허락하지 아니하시고 시험 당할 즈음에 또한 피할 길을 내사 너희로 능히 감당하게 하시느니라” (고전 10:13)

27. “주의 말씀은 내 발에 등이요 내 길에 빛이니이다” (시 119:105)

28. “여호와는 나의 목자시니 내게 부족함이 없으리로다” (시 23:1)

29. “내가 주의 법을 어찌 그리 사랑하는지요 내가 그것을 종일작은 소리로 읊조리나이다” (시 119:97)

 군복 위에 기도를 입히다

30. "내가 너희를 고아와 같이 버려두지 아니하고 너희에게로 오리라"

(요 14:18)

부모가 꼭 알아야 할 군 생활 핵심 규정
(전화, 의료, 인권)

부모님, 이 규정들을 외우실 필요는 없습니다. 불안이 엄습할 때(본문 1장 참조) 다시 펼쳐 보며 마음의 안도를 얻기 위한 비상용 요약표입니다.

요약 1. 휴대전화 규정(9장, 21장 참조)

· 훈련병: 사용 시간/주말 및 공휴일(1시간), 핵심 '평일 저녁' 전화 안 옴(정상)
· 자대 병사(이병~병장): 평일 일과 후(18시~21시), 주말 및 공휴일(전체 자유 시간 동안 사용 가능)

요약 2. 위기/행정 공식 연락망(14장 참조)

· 위기 대응: 1303 국방헬프콜 — (긴급 상황) 구타, 가혹행위, 성범죄, 심리적 위기 발생 시

· 행정 민원: 1577-9090 국방민원 — (일반 문의) 급여, 보급품, 행정 절
차 관련

요약 3. 군 의료 및 인권 제도(37장 참조)

· 군 의료: 모든 현역병은 무상의료가 원칙입니다. 군 병원 진료가 어려
울 시, 민간병원 이용 절차도 보장됩니다.
· 권리구제 4대 제도: 아들은 고충처리, 병영 생활 상담관, 군인권보호
관 제도 등을 통해 자신의 권리를 합법적으로 보호받을 수 있습니다.

아들의 소식을 잇는 '인터넷 정보 안내'

부모님은 혼자가 아닙니다. 공식 정보와 따뜻한 위로를 얻을 수 있는 검증된 창구들을 소개합니다.

1. 더 캠프(The Camp)(필수 앱): 훈련소 소속 확인, 인터넷 편지(13장) 작성, 훈련 사진 확인을 위한 공식 통로입니다.
2. 병무청 공식 누리집 및 육군훈련소 누리집: 입대 준비물(5장), 훈련 일정 등 가장 공신력 있는 행정 정보를 제공합니다.
3. 네이버 카페 〈군대 가는 아들 둔 엄마들(군아맘)〉: "내 아들만 연락이 없을 때(10장)" 등 실시간 불안을 나누고 위로받는 최대 규모의 온라인 커뮤니티입니다.
4. 사회 관계망 서비스 채널(육군훈련소 대신 전해드립니다): 장병들의 소소한 소식과 질문들을 공유하는 소통 창구입니다.

[Tip] 불안을 끄고 기도를 켜십시오(정보의 선별)

온라인 커뮤니티의 정보는 유용하지만, 때로는 확인되지 않은 소문을 양산하는 불안의 진원지가 되기도 합니다. 어느 부대 급식이 부실하다거나, 누가 다쳤다는 등의 불확실한 소문에 일일이 흔들리지 마십시오.

가장 정확한 소식은 국방부 공식 발표와 내 아들의 목소리뿐입니다. 불안을 조장하는 글을 읽으며 가슴 졸일 시간에, 잠시 휴대전화 화면을 끄고 눈을 감으십시오. 부모의 평안이 아들에게 전달되는 가장 확실한 전파입니다.

광야의 끝에서 만난 하나님

그 나침반을 간직해야 하는 이유

아들이 돌아왔습니다. 빳빳하게 각이 잡힌 군복 대신 편안한 사복을 입고, 딱딱한 '다·나·까' 말투 대신 부드러운 일상의 언어로 현관문을 들어섭니다. 복무 기간 내내 아들의 이름을 부르며 약속의 말씀을 꾹꾹 눌러 적었던 '기도 노트'는, 이제 아들의 손에 들린 세상에서 가장 고귀한 전역 선물이 되었습니다. "불안하다 말해도 괜찮습니다"라며 낮은 목소리로 시작했던 기도는, "만군의 여호와께서 승리로 이끄셨다"는 에벤에셀의 찬양으로 장엄한 마침표를 찍었습니다.

긴 여정이었습니다. 정말 수고 많으셨습니다. 하지만 동역자 여러분, 우리는 이 인내의 시간을 통해 무엇을 배웠습니까? 이 시간은 단순히 아들의 신분이 군인에서 민간인으로 돌아오는 과정이 아니었습니다. 부모가 자녀를 '통제'하는 자리에서 기꺼이 내려와, 자녀를 위해 '중보'하는 자리로 격상되는 거룩한 영적 훈련이었습니다.

· 아들이 총기를 다루는 법을 배울 때 부모는 '기도'라는 무기를 다루는
  법을 배웠습니다.
· 아들이 절대 복종을 배울 때 부모는 '내려놓음'의 영성을 배웠습니다.
· 아들이 홀로서기를 준비할 때 부모는 신뢰로 '동행'하는 법을 배웠습
  니다.

이제 아들의 군 생활에 대한 불안은 끝났습니다. 그러나 인생의 광야는 멈추지 않습니다. 복학, 취업, 결혼… 사회라는 또 다른 전쟁터가 주는 새로운 불안이 파도처럼 밀려올 것입니다. 그때, 다시 이 책 '나침반'을 꺼내 드십시오.

이제는 응급 처방전을 찾기 위해서가 아니라, 이 나침반이 지난 광야에서 어떻게 정확한 방향을 가리켰는지, 그 승리의 기억을 추억하기 위해 펼치십시오. 아들의 전화 한 통에 마음의 지옥을 경험할 때 '기다림'이 곧 '믿음'임을 배웠던 기억, 휴대전화의 유혹 앞에서 하나님의 눈으로 지켜 달라고 간구했던 그 간절함을 다시 기억해 내십시오.

그렇기에 이 나침반은 이제 단순한 입대 지침서가 아닙니다. 이것은 부모님의 순종과 눈물이 담긴 '믿음의 기념비'입니다. 아들을 군대에 보내는 사건은 끝났을지 몰라도, 아들의 인생을 기도로 동행하는 사명은 이제부터 진짜 시작입니다.

아들은 군복을 벗었지만, 부모는 '기도의 군복'을 다시 입어야 합니다. '보내는 불안'을 이겨 낸 부모님, 이제 '함께 걷는 감사'로 아들의 새로운 미래를 축복하며 파송하십시오. 그 모든 여정 위에도 이 나침반을 만드신 하나님께서 변함없이 함께하실 것입니다.

참고 및 추천 자료

아래 자료들은 이 책이 태어나는 데 크고 작은 도움을 준 책들과 자료들입니다. 직접 인용하지 않더라도 저자의 생각과 글에 영향을 미쳤으며, 더 깊이 읽고 싶은 분들께 함께 권합니다. 본문에서 특정 개념을 참고한 경우에는 해당 항목에 별도로 표기하였습니다.

· 대한성서공회. (2006).『성경전서 개역개정판』. 대한성서공회.
· 게리 채프먼, 로스 캠벨. (2015).『자녀의 5가지 사랑의 언어』. (생명의말씀사).
· 국방부: 국방 헬프라인(1303) 운영 지침, 병 휴대전화 사용 관련 훈령, 병영생활 행동강령.
· 국방헬프콜센터: 상담 및 운영 자료(장병 심리 상담 및 비상 상황 대처법 참고).
· 금융기관: 장병내일준비적금(시중 14개 은행 통합 자료).
· 김순영. (2018).「부모의 신앙양육태도가 청년기 자녀의 신앙 성숙에 미치는 영향」. (백석대학교 기독교전문대학원 박사학위논문).
· 병무청: 입영 신병 군사훈련 기간 및 입영 가이드, 군 복무 중 학자금 대출 상환 유예 지침.
· 스토미 오마챤. (2010).『떠나는 자녀를 위한 기도』. (두란노).
· 오은영. (2022).『오은영의 화해』. (콘텐츠랩이웃).
· 온누리교회 군선교회: 데이빗 스쿨(David School) 운영 및 입대 예비

교육 자료.

· 온라인 커뮤니티: 네이버 카페 군대 가는 아들 둔 엄마들(군아맘)(부모의 심리적 불안 및 최신 현장 정보 참고).

· 육군훈련소: 훈련병 상벌점 제도 및 대국민 안내 자료(훈련 과정 상세).

· 이민정. (2020). 「성인 자녀의 분리-개별화와 부모-성인 자녀 관계의 질」. (숙명여자대학교 대학원 박사학위논문).

· 한국기독교군선교연합회(MEAK): '비전 2030 실천운동' 자료, 군 선교 현황 및 군교회 통계.

· 한국군종목사단: 6.25 상기 기독장병 구국성회 운영 자료 및 군 선교 정책 자료.

· 헨리 클라우드, 존 타운센드. (2018). 『부모의 경계선』. (좋은씨앗). (33장, 44장 경계선 개념 참고)

군복 위에
기도를 입히다

ⓒ 허욱, 2026

초판 1쇄 발행 2026년 5월 4일

지은이   허욱
펴낸이   이기봉
편집   좋은땅 편집팀
펴낸곳   도서출판 좋은땅
주소   서울특별시 마포구 양화로12길 26 지월드빌딩 (서교동 395-7)
전화   02)374-8616~7
팩스   02)374-8614
이메일   gworldbook@naver.com
홈페이지 www.g-world.co.kr

ISBN   979-11-388-5816-8 (03230)